모두를 위한
설교 시리즈
7

그의 나라, 그의 왕, 그의 백성의 현실, 사무엘하 강해

새로운 생명과 역사의 소망

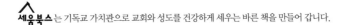
세움북스는 기독교 가치관으로 교회와 성도를 건강하게 세우는 바른 책을 만들어 갑니다.

모두를 위한 설교 시리즈 07

새로운 생명과 역사의 소망

그의 나라, 그의 왕, 그의 백성의 현실, 사무엘하 강해

초판 1쇄 인쇄 2023년 2월 15일
초판 1쇄 발행 2023년 2월 20일

지은이 ┃ 이수환
펴낸이 ┃ 강인구

펴낸곳 ┃ 세움북스
등   록 ┃ 제2014-000144호
주   소 ┃ 서울시 종로구 대학로 19 한국기독교회관 1010호
전   화 ┃ 02-3144-3500
이메일 ┃ cdgn@daum.net

교   정 ┃ 김민철
디자인 ┃ 참디자인

ISBN 979-11-91715-70-5 (03230)

모두를 위한
설교 시리즈
7

The BOOK of

새로운 생명과 역사의 소망

*

그의 나라, 그의 왕, 그의 백성의 현실, 사무엘하 강해

이수환 지음

2 SAMUEL

세움북스

추천사

예수님은 이렇게 말씀하셨습니다. "너희가 성경에서 영생을 얻는 줄 생각하고 성경을 연구하거니와 이 성경이 곧 내게 대하여 증언하는 것이니라"(요 5:39). 구약 성경은 예수 그리스도를 증언합니다. 저자는 마치 예수님의 이 말씀을 증명이라도 하듯, 사무엘하를 1장씩 설교해 가면서, 독자들로 하여금 '자신의 실체'와 마주하게 하는 동시에 복음 안에서 환희 가운데 '그리스도'를 만나도록 안내해 줍니다. 구약 성경 안에 계시된 예수 그리스도를 만나기 원하는 성도들과 그리스도 중심의 설교를 하기 원하는 모든 목회자들에게 이 책을 적극 추천합니다!

_**김인성**(함께하는교회 담임목사)

저자는 이 책을 통해 사무엘하에 기록된 사건과 이야기를 하나님 나라 관점에서 누구나 읽기 쉽고 탁월하게 풀어냈습니다. 그러나 그 내용은 결코 가볍지 않습니다. 저자는 한 편의 설교를 쓰고 전하는 일을 위해 온 몸이 아플 정도로 힘을 다하는 목회자입니다. 그리고 오늘날 신자가 삶의 현장에서 직면하는 치열한 현실을 간과하지 않습니다. 그저 말랑말랑한 위로의 말로 설교를 도배하지도 않습니다. 하나님 나라 가치관과 반하는 이 세상 문화의 한계와 그 문제점을 드러내고, 인생의 진정한 문제인 인간의 부패한 마음과 죄를 예리하게 보여 줍니다. 그래서 이 책을 읽다 보면, 말씀의 거울 앞에서 이 세상에 동화되어 버린 자신의 추한 모습을 보게 되고, 수술용 메스와 같은 날카로운 말씀의 검으로 폐부를 찔린 것 같아 아픕니다.

동시에 저자의 설교는 그리스도 중심적입니다. 저자의 설교는 언제나 우리 인생의 근본적인 해답과 치료자 되시는 그리스도와 그분이 우리에게 행하신 일을 바라보게 합니다. 그래서 저자는 모든 설교를 통해 우리 삶의 모든 것을 변화시키는 능력이 되는 복음을 드러냅니다. 다윗의 승리와 실패를 통해 그리스도의 아름다움과 신실하심을 보여 주면서 그리스도만이 우리의 유일한 소망이심을 설득력 있게 제시합니다. 동시에 저자는 그리스도의 복음에 기초한 실제적인 삶의 적용도 놓치지 않습니다. 그래서 이 책을 읽는 이들은 우리의 유일한 소망이신 그리스도를 바라보는 믿음을 통해 삶의 현장에서 하나님 나라 백성답게 사는 힘과 용기와 실천적인 지혜를 얻게 될 것입니다.

_박지현(은평교회 담임목사)

사무엘하는 사무엘상에 비해 인기가 없습니다. 사무엘상에 등장하는 사무엘, 사울, 다윗 그리고 이스라엘 백성의 모습은 전반적으로 긍정적입니다. 하나님의 뜻에 순종하여 성장하고 성숙하며 전쟁에서 승리하는 이야기가 주입니다. 아이들에게 들려줄 만한 흥미진진한 교훈적 이야기가 많습니다. 사무엘하는 그 반대입니다. 성공보다는 실패가, 순종보다는 불순종이 더 많습니다. 그래서 사무엘하를 읽는 것도, 설교하는 것도 쉽지 않습니다.

이 원고를 받아 읽게 되었을 때, 저 역시 이 원고가 특별할 것을 기대하지 않았습니다. 온통 실패하는 이야기인 성경 본문... 사무엘하에 대한 기대가 낮았던 까닭입니다. 그런데 저자는 이 책에서 사무엘하를 다르게 읽는 관점을 제시했습니다. 저자는 소망 없는 이 실패의 이야기에서 '유일한 소망'이신 그리스도를 반복적으로 들려주고 있었습니다. 저자는 성경 본문에서 유일한 소망이 되시는 그리스도와 그 그리스도를 사랑하게 하는 교리들을 찾아내 들려주었습니다.

저자는 그가 읽는 성경 본문에서 그리스도와 그 그리스도를 드러내는 교리를 보는 눈을 가지고 있습니다. 그리고 저자는 그가 발견한 그 그리스도와 교리를, 그 본문을 해석하고 적용하고 전하는 과정에서 청자의 고개를 끄덕이게 만드는 입을 가졌습니다. 성실한 설교자에게 반드시 있어야 할 이 두 가지를 갖춘 저자는, 책을 통해 그가 성경에서 찾은 그리스도를 열정적으로 증거하고 있습니다. 모든 성경에서 그리스도를 찾기 원하는 성도들에게, 그리스도 중심적 설교의 실제를 확인하고 싶은 설교자들에게, 이 책은 '가뭄 끝에 내리는 단비'입니다.

_**조영민**(나눔교회 담임목사)

저자를 가장 잘 표현하는 단어가 있다면, 그것은 '열정'입니다. 누군가가 '그는 어떤 목회자냐'고 묻는다면, 그리고 '그의 목회적 자질 중 어떤 점을 가장 닮고 싶냐'고 묻는다면, 저는 주저하지 않고 '그의 열정'이라고 대답할 것입니다. 설교의 황태자라고 불리던 찰스 스펄전이 말했습니다. "목사가 영혼을 그리스도께 성공적으로 인도하기 위해 어떤 자질이 가장 필요하냐고 내게 묻는다면, '열심'이라고 대답하겠다. 두 번, 세 번 물어도 내 대답은 달라지지 않는다." 스펄전이 말한 그 자질을 갖춘 목회자가 바로 저자입니다.

저자는 그 열정으로, 누구보다 가장 먼저 교회당에 와서 가장 늦게 교회당을 나섭니다. 그 열심이 성도들의 사소한 말에도 귀를 기울이게 만듭니다. 그 열심이 저자의 발을 주일학교 모든 부서로 향하게 하고, 그 열의가 어떤 수고도 아끼지 않도록 인도합니다. 설교 준비에 필요하다면 언제든지 서점으로 달려가고, 관련 서적을 샅샅이 살피는 것도 그의 열심이 빚어낸 모습입니다. 그에게 열정이 없었다면, 바쁜 목회 일정 속에서도 부교역자들의 형편을 살피고, 아픔에 공감하며, 복지를 개선하지 못했을 것입니다. 코로나19가 교회를 엄습했을 때에도, 그의 열정은 식지 않았습니다. 오히려 더 빛을 발했습니다. 온라인으로 성경 공부를 개설하고, 경건 서적 소개 영상을 찍어 올리는 등 교인들의 믿음을 위해 참으로 애썼습니다. 저자의 열심이 이 모든 것들을 가능하게 했습니다.

이제 그 열정으로 사무엘하를 강해하였고, 그 결실로 『새로운 생명과 역사의 소망』이 출간되었습니다. 당시 설교를 준비하던 저자의 애씀이 눈에 생생합니다. 인간은 실패할 수밖에 없으니 하나님께만 소망을 두고, 그 소망이 그리스도 예수 안에서 이루어졌으니 그분만을 의지하라고 외치던 저자의 모습이 떠오릅니다. 이 책을 읽는 독자들도 교회를 향한 저자의 열심에, 그리스도를 증거하고자 하는 그의 열정에 사로잡히게 될 것을 믿으며, 이 책을 추천합니다.

_**박현민**(강변교회 목사)

귀한 저자와 책을 소개하게 되어 기쁘고 감사합니다. 제가 본 이 책의 네 가지 특징은 다음과 같습니다.

첫째, 보편적입니다. 전작과 마찬가지로 죄 사함과 구원, 하나님 나라, 예수 그리스도 등 성경에 담긴 가장 중요한 보편적인 주제들을 중심으로 내용을 전개합니다. 주제의 보편성은, 이 책이 비록 어느 한 지역 교회의 설교를 담은 책이지만, 시간과 장소를 넘어 모든 성도에게 전해질 수 있는 동일한 하나님 말씀을 다루고 있음을 보여줍니다. '모두를 위한 설교 시리즈'라는 시리즈 명 역시 이러한 점을 잘 드러냅니다.

둘째, 교리적입니다. 그리스도(4장), 인간(5장), 교회(8장), 구원(10장), 은혜의 수단(26장) 등 중요한 교리적 내용들을 본문의 흐름 속에서 자연스럽게 소개하고 설명합니다. 교리는 딱딱하지 않고 따뜻합니다. 교리의 핵심이 예수 그리스도로 말미암은 참된 위로이기 때문입니다. 따라서 이 책 역시 따뜻합니다.

셋째, 일상적입니다. 인간관계, 가정, 자녀, 교육, 중독의 문제, 대중문화, 미디어, SNS, 코로나19 상황 등 성도들의 일상과 관련된 다양한 소제들이 적재적소에서 설교의 재료로 활용됩니다. 저자는 이러한 점들을 통해 복음의 진리가 결코 일상과 괴리되지 않음을 잘 보여 줍니다.

넷째, 목회적입니다. 저자는 계속해서 말씀과 기도, 교회와 예배를 강조합니다. 이 목회적 권면이 책의 처음부터 끝까지 계속해서 등장합니다. 사무엘하의 암울한 이야기들이 자칫 매서운 충고를 만들어 낼 수도 있는데, 저자는 간절한 권면 끝에 언제나 그리스도라는 참된 위로와 소망을 제시하며 독자들에게 감동과 위로를 선사합니다.

오랜 기간 지켜본 저자는 늘 섬세하고 진솔한 태도로 주어진 상황에서 언제나 최선을 다하는 정직한 목회자였습니다. 열정적인 예배자이며 또한 성실한 독서가이기도 합니다. 이러한 저자의 면면이 책의 곳곳에 잘 배어 있습니다. 진리의 감동과 위로가 가득한 이 책을 진심으로 추천합니다.

_이재웅(도서출판 지우 대표)

Preface

머리말

이 책의 원고들은 제가 섬기는 강변교회에서 2021년 5월 23일 주일부터 2022년 2월 6일 주일까지 모두 28회 전했던 설교입니다. 책으로 나오는 데에는 그러고도 1년 가까운 시간이 지났습니다. 저의 분주함과 게으름이 시간을 이렇게나 많이 흘려보냈습니다.

그 시간 동안 사회적으로, 교회적으로, 그리고 저 개인적으로 많은 일들이 있었고, 그러한 경험들이 설교에 영향을 줄 수밖에 없었습니다. 그래서 앞부분의 설교들은 다소 우울하고 부정적인 분위기가 있을 수 있습니다. 개인의 상황과 말씀의 엄밀함을 잘 구별해야 하는데, 아직도 제게는 어려운 숙제입니다.

그러나 그러한 상황 가운데 말씀을 통해 주시는 은혜는 더욱 빛났습니다. 하나님께서는 성령으로 우리를 예수 그리스도 안에 있는 빛을 향하여 나아가게 하십니다. 저 개인적으로 사무엘하 설교를 준비하는 과정 가운데 경험한 가장 큰 은혜입니다. 그 은혜를 이 책을 읽으시는 분들이 함께 나누게 되기를 소원합니다.

사무엘상과 비슷한 설교 방식을 따랐습니다. 되도록 한 번의 설교에 한 장을 설교하려고 했습니다. 사건과 이야기들이 뚜렷하여 본문을 이해하는 데 큰 어려움은 없었습니다. 그러나 그 본문이 저 자신과 우리의 삶을 비출 때에는 아프고 어려웠습니다. 그러나 그 아픔을 끝까지 붙잡고 우리의 현실을 마주 보려 했습니다. 그렇게 선명히 우리의 어둠과 아픔이 드러나자 그리스도의 생명과 능력과 지혜와 영광과 빛이 치유와 회복과 지혜를 안겨 줬습니다. 설교를 준비할 때마다 경험하는 이 '말씀의 빛이 비취는 은혜'는 설교자로서 누릴 수 있는 최고의 복이자 영광이라고 생각합니다. 그리고 이 빛을 성도들에게 전하는 것이 설교자의 의무입니다. 하지만 설교를 준비할 때의 의도가 얼마나 많이 실제로 전해졌는지는 잘 모르겠습니다. 그런 의미에서 저는 아직도 많이 모자란 설교자입니다.

사무엘하를 강해하면서도 역시 여러 책의 도움을 많이 받았습니다. 사무엘상을 설교할 때에는 여러 권의 책들을 가능한 많이 보려고 했는데, 사무엘하를 설교하면서는 책을 보는 것보다 본문을 읽고 묵상하는 데 더 시간을 들였습니다. 그럼에도 불구하고, 유진 피터슨의 『사무엘서 강해』(아바서원)와 김진수 교수의 『우리에게 왕을 주소서』(합동신학대학원출판부)는 이번에도 역시 없어서는 안 되는 길잡이였습니다. 특히 메리 에반스의 『BST 성경강해 사무엘』(IVP)은 사무엘상에서보다 사무엘하에서 더 큰 유익을 주었습니다.

여전히 한 편의 설교를 쓰고 전하는 것은 온 몸이 아플 정도로 고생스러운 일입니다. 그러나 그 설교를 통하여 일하시는 하나님의 역사는 또다시 우리를 설교자의 자리로 부르십니다. 그 말씀 사역에 쓰임을 받는다는 것만으로도 감사하고 영광스럽게 생각합니다.

언제나 깊은 기도로 설교의 모자람을 메우느라 애쓰시는, 사랑하는 강변교회 성도님들께 고개 숙여 감사드립니다. 책을 출간할 수 있도록 허락해 주시고, 부족한 목사를 위해서 기도와 수고로 협력해 주시는 강변교회 당회 장로님들께도 깊이 감사드립니다. 역시나 부족한 담임목사 만나서 수고하는 우리 강변교회 교역자들에게도 정말 고마운 마음을 전합니다. 이분들이 없다면 제 사역도 없습니다. 이분들이 있어서 제 영혼이 말씀을 먹고 사역에 힘을 낼 수 있습니다.

책의 출간을 결정해 주시고 격려해 주신 세움북스 강인구

장로님, 거친 원고를 다듬느라 고생하신 김민철 목사님, 그리고 여러 모양으로 수고해 주신 세움북스 직원분들에게도 깊이 감사드립니다. 여러 곳에서 응원과 격려를 보내 주시는 사랑하는 친구들에게도 감사드립니다. 친구들의 조언과 격려가 없었다면 책이 아니라 사역도 훨씬 힘들었을 것입니다.

건강의 어려움을 겪으시는 아버지와 아버지를 돌보느라 늘 수고하시는 어머니에게 아들의 이 작은 책이 조금이나마 위로와 응원이 되기를 기도합니다. 늘 기도로 보살펴 주시는 장인, 장모님께도 깊이 감사드립니다. 이제는 아빠를 응원하고 격려하는, 그리고 늘 기쁨과 자랑인 선우와 지우에게 고마운 마음을 전합니다. 마지막으로 누구보다 옆에서 함께하며 울고, 웃고, 기도하며 이 길을 걸어가는 아내 박진숙에게 감사와 사랑을 전합니다.

2023년 2월
저자 **이수환**

서론

2020년 11월 말에 사무엘상 강해를 마치고, 약 6개월 정도의 시간이 지난 2021년 5월 말에서야 사무엘하 설교를 시작할 수 있었고, 2022년 2월에 사무엘하 강해를 마칠 수 있었습니다.

사무엘상에서 사무엘하로 넘어가기까지 그 6개월 동안 여러 일이 있었습니다. 코로나19가 약해질 것이라는 기대를 가지고 2021년을 맞이했는데, 현실은 그렇지 않았습니다. 나라 전체가 우울한 시간들을 계속 이어 가야 했습니다. 지금도 코로나는 여전히 가까이 우리 주위에서 우리를 아프게 하지만, 그럼에도 불구하고 어느 정도 일상이 회복되고 상황이 나아지는 것 같아 얼마나 감사한지 모릅니다.

그런데 제게는 그 6개월이 굉장히 힘들었습니다. 먼저, 건강에 어려움이 있었습니다. 성대가 상하는 바람에 설교는 고사하고 아예 목소리가 나오질 않았습니다. 한 달 정도 설교를 할 수 없었습니다. 성대만의 문제는 아니었습니다. 거의 20년을 쉬지 않고 달려온 사역이 결국 건강에 어려움을 일으켰던 것 같습니다. 몸 여기저기에서 삐걱거리는 신호를 보내기 시작했고, 어떤 날은 아무것도 하지 못한 채 하루를 보내기도 했습니다. 몸만 아팠던 것은 아닙니다. 크고 작은 일들이 연달아 겹치면서 마음도 많이 약해졌던 것 같습니다. 하여간 몸과 마음이 큰 어려움을 겪던 시간이었습니다.

교회에서 휴식을 허락해 주어 몸과 마음을 추스를 시간을 잠시나마 가질 수 있었습니다. 설교와 사역을 한 달 정도 쉴 수 있었고, 잠시 서울을 떠나 다른 곳에 머물며 생각을 정리할 수도 있었습니다. 큰 폭풍이 제 몸과 마음에 휘몰아쳤지만, 제가 다시 숨을 쉬고 일어설 수 있도록 하나님께서는 은혜를 베풀어 주셨습니다. 하나님 앞에 홀로 서는 시간을 많이 가졌습니다. 산책하며 기도하고, 기도하며 산책했습니다. 읽지 못했던 책도 읽으며 마음을 가다듬었습니다.

무엇보다 하나님 앞에 다시 서는 시간이었습니다. 늘 교회 안에서 사역을 했지만, 정작 저는 하나님 앞에 서지 않고 있었습니다. 하나님과의 친밀한 사귐, 개인적이고 인격적인 경험이 제게는 절실히 필요했는데, 저는 그 시간 동안 그 기쁨을 누릴 수 있었고, 그 기쁨은 제게 다시 일어설 힘이 되었습니다. 하나님께서는 제가 다시 당신께로 나아오기를 기다리셨던 것처럼 제게 은혜를 부어 주셨습니다. 무엇보다 그 시간들, 어렵다고 느꼈던 그 시간들도 하나님의 손에 있었고, 하나님께서 보고 계셨으며, 하나님께서 함께하셨다는 사실을 깨닫게 되었습니다.

그렇게 쉼을 보내고 나서야 다시 사무엘하를 펼 수 있었습니다. 사무엘상을 설교하면서 사무엘하 설교를 이미 염두에 두고 있었기에 이미 여러 번 읽고 공부를 했었습니다. 그런데 작은 터널을 지나고 난 후 펴 든 사무엘하는 이전과 전혀 다르게 다가왔습니다.

사무엘상이 왕국의 성립이라면, 사무엘하는 왕국의 통치였습니다. 사무엘상이 상승이라면, 사무엘하는 하락이었습니다. 사무엘상이 성공과 승리의 영광을 기록한다면, 사무엘하는 실패와 패배의 나락을 기록했습니다. 이런 사무엘하를 보며 예전 같았으면 한도 끝도 없는 우울함과 비난, 정죄와 책망으로 설교가 이어졌을 것입니다.

그러나 저는 그 어두움을 비추시는 빛 되신 예수님을 또다시 발견할 수 있었습니다. 무너지고, 실패하고, 쓰러지고, 패배하는 다윗과 이스라엘의 모습 속에서 저 자신을 발견할 수 있었고, 그러한 다윗과 이스라엘에게 비추시는 주님의 은혜의 빛이 제게도 주어진다는 사실에 감동했습니다. 그리고 그 은혜의 빛으로 다시 힘을 낼 수 있었습니다.

그래서 사무엘하 설교는 사무엘상보다 좀 더 현실적입니다 (저는 그렇게 생각하는데 보시는 분들은 어떨지 모르겠습니다). 사무엘상이 하늘을 바라본다면, 사무엘하는 땅을 훑습니다. 사무엘상이 왕이신 예수 그리스도의 통치와 영광의 임재를 그렸다면, 사무엘하는 성육신하셔서 육체로 사신, 땀과 눈물과 피를 흘리시며 걸어가신 예수님을 보게 합니다. 그리고 그 예수님께서 그렇게 땀내 나는 고통스러운 우리의 현실 속에서 함께 걸어가고 계시다는 사실을 불현듯 깨닫게 합니다.

아니, 우리보다 먼저 그 길을, 우리와는 비교도 할 수 없을 큰 고통의 길을 걸어가신 그분께서 우리에게 힘을 주시고 이끄시며 마침내 그 은혜를 누리게 하심을 경험합니다. 몸과 마음의 어려움 가운데 있는 사람을 결코 혼자 두지 않으시고, 붙잡아 일으키시며 끝내, 그 영광의 길을 걸어가게 하시는 예수님을 다시금 만나게 됩니다. 그래서 사무엘하 강해의 첫 번째 제목은 '예수 안에 소망 있네'입니다.

예수 안에 소망 있습니다. 예수 안에 있는 우리의 소망을 발견하고자 합니다. 어두운 현실 가운데 빛을 비추시는 생명의 빛 되신 예수님, 쓰러진 자를 일으키시는 능력이신 예수님, 미련하여 갈 길을 깨닫지 못하고 헤매는 자에게 참된 지혜가 되시는 그 예수님, 그 예수님을 사무엘하의 말씀을 통하여 더욱 선명하게, 그리고 현실 속에서 경험하게 되기를 바랍니다.

우리 주님의 나라가, 그 나라를 다스리시는 주님의 다스림이, 바로 우리의 현실입니다. 우리의 실존과 현실은 눈에 보이는 환경 속에 있는 것이 아니라 하나님 나라와 그의 다스림 안에 있습니다. 우리가 눈을 들어 그분의 나라와 그 나라의 왕을 바라보고 깨달을 때, 우리가 사는 이 현실을 바라보는 시선과 살아가는 자세와 의지하는 능력이 새로워질 것입니다.

예수 안에 소망이 있으며, 그분께서 곧 우리의 현실이십니다!

Contents
목차

01 예수 안에 소망 있네

삼하 23:1-7

사무엘하를 시작하며, '다윗의 마지막 말'부터 살펴보려 합니다. 이 말씀 속에 사무엘하의 전체 주제와 목적이 담겨 있기 때문입니다.

본문은 다윗의 '유언'입니다. 보통 사람들이 그러하듯, 다윗 역시 자기 자신에게, 그리고 후손들에게, 더 나아가 자신이 다스린 이스라엘 백성들에게 가장 중요하고 의미 있는 말을 유언으로 남겼습니다. 그런데 이것이 단지 한 개인의 '유언'만은 아닙니다. 다윗은 지금 자신이 남기는 이 모든 말이 자신의 말이 아니라 하나님의 영, 곧 성령께서 주시는 말씀이고, 하나님의 말씀이며, 그래서 '하나님께서 맡기신 말씀을 전한다'라고 분명하게 말합니다(2-3절). 그래서 다윗의 마지막 말은 다윗의 유언인 동시에, 하나님께서 말하라고 맡기신 것을 말하는 '예언'입니다. 즉, 다윗은 왕인 동시에 선지자입니다.

그 말씀의 주제는 '새로운 생명과 역사의 소망'입니다(3-4절). 그 소망은 '왕' 곧, '사람을 공의로 다스리는 자, 하나님을 경외함으로 다스리는 자'를 통하여 이루어질 것입니다. 그 '다스리는 자'는 다윗의 집안, 곧 다윗의 씨에서 날 것입니다(5절). 다윗의 후손으로 태어나 하나님의 공의와 하나님을 경외함으로, 이스라엘만이 아니라 모든 민족을 다스리는 왕, 그 왕을 통하여 소망이 이루어질 것입니다.

그런데 이 소망의 약속을 다윗이 받았고 그것을 이스라엘을 향하여 선포했지만, 다윗과 이스라엘은 사실 이 소망과 거리가 매우 떨어져 있었습니다.

먼저, 다윗 자신이 이 소망을 이루는 왕이 아니었습니다. 다윗은 위대하고 경건한 왕이었습니다. 그러나 그의 인생에 늘 성공만 있었던 것은 아닙니다. 사무엘하에는 그의 실패와 끔찍한 범죄가 적나라하게 기록되어 있습니다. 심지어 사무엘하 24장에는 '하나님 경외'를 잃어버리고, 자신의 힘을 자랑하고 의지하기 위해 인구 조사를 강행한 다윗의 죄악과 그에 대한 하나님의 심판이 기록되어 있습니다.

다윗 이후의 왕들은 어떨까요? 다윗을 이어 솔로몬이 왕이 됩니다. 솔로몬 역시 그 아버지의 뒤를 이어 경건하고 훌륭한 왕이 됩니다. 그러나 솔로몬의 말년 역시 우상 숭배로 무너집니다. 솔로몬 이후의 왕들은 말할 것도 없습니다. 솔로몬 이후 이스라엘은 분열하고, 분열한 나라의 왕들은 마치 경쟁하듯 범죄합니다. 그리고 나라는 결국 멸망합니다. 다윗 자신도, 다윗의 후손들도, '공의와 하나님을 경외함으로 사람들을 다스리는 왕, 백성들에게 새로운 생명을 주는 왕, 하나님 나라의 새 역사를 시작하는 영원하고 완전한 왕'이 되지 못했습니다.

그렇다면 백성들은 어떨까요? 백성들은 그러한 왕을 소원하고 바라며, 그 왕을 기다렸을까요? 그들은 끊임없이 왕을 요구했지만, 동시에 끊임없이 왕을 거부했습니다. 그들이 요구한 왕은 자신들의 욕망과 필요를 채워 주는 왕이었습니다. 하나님께서 그들의 왕이시고, 하나님의 말씀과 성령으로 그들을 다스리셨지만, 그들은 왕이신 하나님을 거부했습니다. 하나님의 통치와 공의를 거부했으며, 하나님 경외하기를 싫어했습니다.

다윗의 예언, 곧 하나님께서 다윗을 통하여 약속하신 소망의 말씀은 사람들 탓에 무너지는 것 같았습니다. 다윗 이후, 이스라엘 역사는 이 소망의 말씀과 너무나 멀어졌습니다. 그들의 왕도, 그들 자신도, 그들의 나라도 모두 소망을 잃어버린 채 우상 숭배와 온갖 흉포한 죄를 저질렀습니다. 하나님의 말씀이 어두워졌으며, 하나님의 통치를 잃어버렸습니다. 그리고 그들은 그렇게 하나님께서 주시는 참된 복으로부터 멀어져 갔습니다. 그들은 욕망을 채우려 했지만 결국 아무것도 얻지 못했고, 그들의 나라를 세우려 했지만 결국 그들의 나라는 무너졌습니다.

그러나 하나님께서는 당신의 소망의 역사를 멈추지 않으셨습니다. 사람은 그 소망을 이루지 못했고, 오히려 소망을 무너뜨리며 절망으로 나아갔지만, 하나님께서는 그 소망의 약속을 이루어 주셨습니다. 이 소망의 약속은 분명히, 다윗의 집, 다윗의 후손을 통하여 성취될 것입니다(5절). 하나님께서는 마침내 그 소망을 이루셔서 당신의 자녀들에게 새로운 생명의 은혜, 아침에 돋는 햇볕과 같은 새로운 역사의 시작을 주실 것입니다.

하나님께서는 사람이 아니라 당신께서 직접, 당신 스스로 이 소망을 이루어 주셨습니다.

또 이사야가 이르되 이새의 뿌리 곧 열방을 다스리기 위하여 일어나시는 이가 있으리니 열방이 그에게 소망을 두리라 하였느니라 소망의 하나님이 모든 기쁨과 평강을 믿음 안에서 너희에게 충만하게 하사 성령의 능력으로 소망이 넘치게 하시기를 원하노라 _롬 15:12-13

사도 바울은 이사야 11장 10절의 말씀을 인용하여, 하나님께서 어떻게 그 소망을 이루어 주시는지를 우리에게 보여 줍니다. 다윗 이후에 이스라엘은 소망이 끊어진 것처럼 보였습니다. 나라가 망해 가고 있었습니다. 하지만 어떤 회복의 가능성도 보이지 않는 그때에도, 하나님께서는 이사야를 통하여 또다시 동일한 소망의 약속을 주셨습니다.

이새의 뿌리, 곧 다윗의 후손 중에서 열방을 다스리는 이가 있을 것이며, 오직 그에게만 소망이 있음을 말씀하십니다. 그 소망의 하나님께서 믿음 안에서 기쁨과 평강을 충만하게 하시며, 성령의 능력으로 이 소망이 넘치게 하십니다.

이 소망을 이루시는 분, 이 소망의 실제인 분, 이 소망을 실제로 이루어 주시는 하나님. 그가 누구십니까? 바로 성자 하나님이신 예수 그리스도이십니다. 그는 다윗의 후손으로 나셔서 하나님의 공의를 이루시고, 하나님을 경외하심으로 당신의 백성을 다스리시며, 새로운 생명과 새로운 역사와 새로운 나라를 시작하시며 완성하시는 분이십니다. 왕이십니다.

그러므로 오직 예수 그리스도 안에만 소망이 있습니다. 다윗은 지금 자신의 인생을 다 걸고, 자신이 받은 하나님의 모든 은혜를 모아, 성령의 충만함으로 소망의 주인이시며 영원한 구원의 왕이신 예수 그리스도를 바라봅니다. 예수 그리스도를 선포합니다. 그것이 하나님께서 그에게 맡기신 말씀이며 약속입니다. 이것이 사무엘하의 주제이며, 오늘날 우리가 이 사무엘하를 봐야 하는 이유입니다.

하나님께서 우리에게 주시는 소망은 실체 없는 기대로 마음과 생각 속에만 있는 것이 아닙니다. 예수 그리스도를 구주로 믿을 때에 소망이 실체가 되어 우리의 삶 가운데 실제로 이루어집니다.

그리스도인의 복이 무엇일까요? 교회의 복은 또 무엇일까요? 우리가 예수님을 믿는 믿음 안에서 받아 누리는 복은 그의 통치 아래 있는 것입니다. 예수 그리스도의 다스림을 받는 것입니다.

그러나 이는 말처럼 그렇게 쉽게 우리에게 다가오지 않습니다. 왜냐하면 오늘날의 문화는 누군가의 다스림과 간섭을 거부하고 자신의 뜻을 실현하는 삶, 곧 '자아실현'과 자신이 세상과 모든 판단의 중심이자 기준이 되는 '자기 중심성'을 최고의 가치로 여기기 때문입니다.

이러한 문화 속에서 자기의 중심, 자기 자신에 대한 주권을 주님께 내어 드리고, 자아실현이 아닌 주님의 뜻을 이루는 삶을 살라고 가르치는 성경의 교훈은 우리의 마음속에 자리 잡기가 매우 어렵습니다. 오히려 거부감이 생깁니다. 주님의 다스림 안으로 들어가려면 내가 틀렸다는 사실을, 내가 죄인이라는 나의 실체를, 내가 모자라고 실패했으며 비참하다는 나의 현실을 인정해야 하기 때문입니다.

내가 나의 왕이 아니라 그분이 나의 왕이시라는 사실을, 내 생각이 진리가 아니라 그분의 말씀이 진리임을, 내가 원하는 삶이 가치 있는 삶이 아니라 그분의 말씀에 순종하고 그분을 따르는 삶이 진정 가치 있는 삶이라는 사실을 인정하고, 그렇게 삶의 모습을 바꾸어야 하기 때문입니다.

그래서 어렵습니다. 온 세상이 살아가는 방향과는 다른 방향으로, 모두가 가지고 있는 생각, 심지어 내가 지금까지 평생 동안 가지고 있었던 생각, 삶의 방향, 삶의 모습과는 다른 방향으로 바뀌어야 하는데 이것이 어떻게 쉽겠습니까?

정말 어렵습니다. 절대 쉽지 않습니다. 저는 대학을 다닐 때 노어노문학을 전공했습니다. 자연스럽게 인문학과 철학에 많은 관심을 두었고 그에 관한 책들을 많이 읽었습니다. 또 음악도 좋아해서 정말 많은 음악을 들었고 한동안은 영화에 빠져 살았습니다. 그러다가 신학교에 입학했습니다. 그때 저는 정말 큰 충격을 받았습니다. 신학과 신학 공부 방식은 이전에 제가 공부하던 방식, 이전에 제가 가지고 있던 사고의 구조와는 완전히 달랐기 때문입니다. 그전까지는 각자의 생각이 옳고, 각자의 주장을 따라 사고를 펼치는 것이 가장 좋은 것이라고 배웠습니다. 그런데 신학은 '인간의 생각이 틀렸다. 인간 안에서 나온 것은 선한 것이 없다. 인간의 철학과 논리와 사고가 타락하여 선하지 않다'라고 말했습니다. 내용이 어려운 것이 아니라 이러한 사고를 받아들이기가 너무 어려웠습니다. 이전까지의 제 모든 사고와 철학을 뒤엎는 것이기 때문입니다. 그래서 은혜가 필요했습니다. 그리고 놀랍게도 주님께서 그 은혜를 제게 허락해 주셨습니다.

또한 우리에게도 그 은혜를 약속하셨고 주실 것입니다. 우리에게 복 주기를 원하시는 주님께서는 우리를 포기하지 않으십니다. 우리에게 성령을 보내시고, 하나님의 말씀을 들려주셔서 이 은혜의 역사가 일어나게 하십니다.

그분을 거부하고, 우상을 사랑하며, 온갖 죄를 저질렀던 우리의 모든 죄의 값을 그분께서 담당하셨습니다. 이 복음을 받아들여 예수님을 구주로 믿는 자들에게 죄와 사망의 심판 대신, 완전한 의와 영원한 생명을 선물로 주셨습니다. 그리고 그 구원의 선물을 받은 자들을 성령과 말씀으로 다스리십니다. 당신의 교회를 통하여, 당신의 복된 통치를, 그 은혜의 소망을 오늘도 우리 안에서 실제로 이루어 가십니다.

교회가 무엇입니까? 교회는 주님의 통치가, 그 소망이 실제로 이루어지고 시작되는 장소이며 공동체입니다. 예배는 그분의 통치가 이루어지고 있다는 선언이며, 그분의 다스림이 시작하는 시작점입니다. 이 예배를 통하여 우리가 일상을 살아갈 때, 그 일상은 그분의 통치가 실제로 이루어지며 그분께서 주시는 새로운 생명의 복을 실제로 누리는 은혜의 경험이 됩니다.

우리에게 수많은 절망이 닥쳐옵니다. 나름대로 품었던 장밋빛 기대도 무너지고, 소망도 사라지며, 미래에 대한 확신보다는 안개와 같은 희미함이 우리를 감싸기도 합니다. 소망을 잃어버린 시대를 살아갑니다.

그래서 세상은 조작된 소망으로 우리를 유혹합니다. 광고를 보십시오. 이것만 사면, 이것만 가지면 행복해질 것이라고 우리를 유혹합니다. 세상의 대중문화와 철학은 자신이 옳다고 믿는 것이 진리이며, 자신이 세상의 중심이 되는 자기 중심성이 최고의 가치라고 우리를 세뇌합니다. 인터넷 게임, 텔레비전, 유튜브, 인터넷, 페이스북이나 인스타그램 같은 SNS들은 끊임없이 우리에게 가짜 행복과 만족을 퍼부으며 우리 마음을 빼앗아 갑니다.

그런데 그곳에 정말로 우리의 소망이 있습니까? 이 세상에 우리의 소망을 둘 수 있습니까? 자신 자신이 자기 인생의 해결책이 될 수 있습니까? 게임, 유튜브, 가상화폐, 주식, 부동산, 정치, 이러한 것들에 우리의 소망이 있습니까?

아닙니다! 우리의 소망은 오직 예수 그리스도 안에 있습니다. 예수 그리스도가 우리의 소망이십니다. 그분 안에 거할 때, 그분의 말씀과 다스림 안에 살 때, 그분께서 우리에게 허락하신 성령의 충만과 능력을 의지할 때, 그때에 비로소 우리는 참된 소망을 품고, 소망의 실현을 경험하며, 은혜와 복을 누릴 수 있습니다.

절망이 가득한 이 세상 속에서, 어느 누구도 참된 소망을 말하지 않는 오늘의 삶 가운데에서 예수 그리스도를 바라보십시오. 예수 그리스도께 소망이 있습니다. 그분의 다스림이 우리의 복입니다.

02 사울이 죽은 후에
삼하 1:10-16

'앓던 이가 빠진 경험'이 있습니까? 나를 그토록 아프게 하고 괴롭히던 앓던 이를 뽑으면, 그때의 시원함, 편안함, 기쁨은 이루 말할 수가 없습니다.

사무엘하 1장 1절은 바로 다윗에게 '앓던 이가 빠지는 기쁨과 시원함'으로 시작합니다. 사실, 그 이상입니다. 앓던 이 정도의 고통이 아니었기 때문입니다. 너무나도 오랜 시간 동안, 너무나도 강력하게 다윗을 괴롭히고 죽이려 한, 다윗 인생의 최대 걸림돌이었던 사울이 마침내 죽었습니다.

그런데 다윗은 기뻐하거나 즐거워하기는커녕 안도하는 모습조차 보이지 않습니다. 오히려 모든 사람들과 함께 극도의 슬픔으로 애통해했고(11-12절), 심지어 사울을 죽였다고 주장하며, 그 소식을 전한 아말렉 소년을 사형에 처합니다(15절). 게다가 17절 이후를 보면, 그는 다윗과 요나단을 위한 조가를 지어 유다 족속에게 가르치도록 명령했습니다. 그렇게 온 나라가 함께 슬퍼하는 국장으로 장례를 치렀습니다.

사울의 죽음을 대하는 다윗의 모습은 현실의 큰 문제가 해결됐을 때 대부분의 사람들이 보여 주는 모습과는 많이 다릅니다. 다윗은 사울을 자기 인생의 고통으로 보지 않았기 때문입니다. 사울이 인생의 고통이 아니기에 당연히 사울의 죽음역시 기쁨의 이유가 되지 않았습니다.

사실, 사울은 다윗의 인생을 망친 적이 없습니다. 사울이 다윗을 평안하게 했다는 말이 아닙니다. 사울은 분명히 다윗의 인생을 방해했습니다. 사울은 다윗에게 환란이었고, 고난이었으며, 장애물이자 감당하기 어려운 고통이었습니다.

그러나 다윗은 오히려 사울과 사울이 행한 일들로 말미암아 더 큰 복을 누렸습니다. 다윗은 사울이 자신을 괴롭힐 때마다 간절히 기도함으로 하나님께 더 가까이 나아갔고, 하나님의 말씀을 기억하고 그 말씀으로 위로와 소망을 얻었으며, 하나님의 도우심을 실제로 경험했습니다. 모든 복의 근원이시며복 그 자체이신 하나님과 함께하며 그 은혜를 경험했으니 이보다 더 큰 복이 어디 있겠습니까? 사울은 다윗이 하나님과 더가까워지도록 돕는 디딤돌이었고, 다윗이 하나님께 더 견고히붙어 있도록 묶는 튼튼한 줄과 같았습니다. 고난이 오히려 복이 되었습니다.

다윗의 인생을 망친 것은 다른 것이었습니다. 바로 자신의 그릇된 욕망이었습니다. 승승장구하던 다윗은 육체의 정욕을 다스리지 못해 간음을 저지르고, 그 간음의 죄를 덮으려 거짓말을 했으며, 심지어 살인을 저지릅니다. 다윗의 인생을 망친 것은 바로 다윗 자신이었습니다. 자신 안에 여전히 남아 있던 타락한 죄의 본성이었습니다. 그 죄가 다윗의 마음을 장악하여 다윗은 하나님의 말씀에 귀를 막았고, 하나님을 외면하였으며, 하나님으로부터 멀어져 갔습니다. 참된 복이요 생명이신 하나님께로부터 멀어진 인생이 어떻게 복된 인생이라고 할 수 있겠습니까?

사울이 없어졌다고 하여, 그를 괴롭히고 고통스럽게 했던 현실 문제가 해결됐다고 하여, 다윗의 인생이 더 가치 있게 되고 더 아름다워진 것이 아닙니다. 사울이 살았다고 다윗이 비참하고, 사울이 죽었다고 다윗이 영광을 누리는 것이 아닙니다. 다윗 인생의 가치를 결정하는 것은 사울이 아니었습니다. 사울은 그저 불쌍한 존재였고 긍휼의 대상일 뿐이었습니다.

다윗의 인생을 결정하는 분은 하나님이셨습니다. 그가 하나님과 함께할 때 영광스러운 인생을 살았고, 그가 하나님을 떠났을 때 비참한 인생으로 무너져 버렸습니다.

당신에게는 무엇이 가장 큰 걸림돌입니까? 무엇이 당신 인생의 가치를 떨어뜨리고, 당신을 비참하게 하며, 당신에게 고통과 슬픔을 겪게 합니까? 당신은 무엇을 가장 걱정하고 있습니까? 건강입니까? 경제적인 어려움입니까? 코로나19와 같은 전염병과 질병입니까? 물론 현실의 고통이 우리를 어렵게 합니다. 그리고 그 현실의 고통과 어려움에서 벗어나게 해달라고 우리는 기도해야 하고, 저도 고통 중에 있는 성도님들의 회복을 위하여 기도합니다.

그러나 우리를 괴롭히고 무너뜨리는 진짜 고통은 다른 데 있습니다. 남포교회를 섬기신 박영선 목사님께서 신학교 강의 중에 이런 말씀을 하신 적이 있습니다.

'이 문제만 해결해 주시면 앞으로 잘 믿을게요'라는 말이 얼마나 헛된 말인지, 현실 문제의 해결이 영적 성장과 아무 상관이 없다는 사실의 가장 분명한 증거는 '이스라엘'이다.

이스라엘 사람들이 가뭄과 기근이라는 현실의 고통에 빠지자, 하나님께서는 그들을 구원하셔서 풍성한 곡식이 있는 애굽 땅으로 옮기셨습니다. 애굽에서 종이 되어 고통에서 건져달라고 부르짖자 하나님께서는 모세를 통하여 그들을 애굽에서 건져 주셨습니다.

애굽에서 나오는 길에 애굽 군대가 쫓아오고 바다가 앞을 가로막자 하나님께서는 바다를 여시는 기적으로 그들을 살려 주셨습니다. 그들이 목이 마르다고 하자 하나님께서는 그들에게 물을 주셨습니다. 배가 고프다고 하면 만나를 주셨고, 고기가 먹고 싶다고 하면 메추라기를 주셨습니다. 더우면 구름 기둥으로, 춥고 어두우면 불기둥으로 그들을 도우셨습니다. 그들의 모든 현실의 고통과 문제들, 현실의 필요를 하나님께서 다 해결해 주셨습니다.

그래서 이스라엘 사람들의 믿음이 성장했습니까? 그들이 더욱 경건해지고, 하나님을 더욱 사랑하고, 거룩한 삶을 살아갔습니까? 그들 안에 거룩한 변화가 일어났습니까? 그들의 영성이 더욱 깊어지고 풍성해졌습니까? 그들이 하나님의 말씀에 더욱 순종했습니까?

아닙니다. 그런 일은 일어나지 않았습니다. 그들은 제자리였습니다. 현실적인 어려움과 필요를 하나님께서 아무리 해결해 주셔도 그것으로 그들은 변화되지 않았습니다. 끊임없이 그들은 범죄와 요구를 반복할 뿐이었습니다.

현실 문제가 해결된다고 해서 우리의 모든 문제가 해결되고 우리 인생이 참된 복과 영광을 누리는 것도 아니고, 획기적이고 놀라운 변화를 경험하는 것도 아닙니다. 우리가 현실을 살아가는 한, 현실의 어려움과 고통이 잠시는 사라져도, 우리가 이 세상을 떠날 때까지 또다시 나타납니다. 일시적으로 사라질 뿐입니다.

현실의 고통이 우리가 겪는 고통의 본질이 아닙니다. 현실의 어려움이 우리 인생을 망치는 것이 아닙니다. 우리 고통의 근본은, 우리를 정말로 무너뜨리는 것은 우리의 '죄'입니다.

코로나19와 같은 전염병이 해결되면 우리 인생이 바뀔까요? 우리가 부자가 되면 우리의 믿음이 성장하고 영혼이 성숙할까요? 우리의 육체가 건강해지면 하나님을 더 사랑하게 될까요? 코로나가 사라지고 부유해지고 건강해진다 해도, 죄가 여전히 우리 안에 자리 잡고 있고, 우리가 하나님보다 세상을 더 사랑하며, 하나님의 말씀과 뜻에 전혀 귀를 기울이지 않고, 내 마음대로 살아간다면, 광야의 이스라엘처럼 하나님 앞에 요구는 하지만, 그 말씀을 마음에 심는 일, 그 말씀에 순종하는 일이 일어나지 않는다면, 그것이 무슨 해결책이 되며, 그러한 인생이 어떻게 복된 인생이라고 할 수가 있겠습니까?

죄가 진짜 문제이기에 죄를 해결하는 것이 우리 인생을 참으로 복되게 하며 인생을 영광스럽게 변화시키는 참된 해결책입니다. 그러므로 오직 예수 그리스도의 복음만이 답입니다.

죄 문제는 오직 예수 그리스도의 십자가만이 해결할 수 있기 때문입니다. 바로 그 복음으로부터 모든 거룩한 변화가 시작되며, 모든 은혜와 기쁨이 나옵니다. 그 예수 그리스도의 복음으로 말미암아 우리가 하나님께로 나아가며, 하나님의 자녀가 되는 권세를 누리고, 성령 충만을 받아 죄를 이기며, 성경에 약속된 모든 은혜와 복을 누리게 되는 것입니다.

이제 우리의 진짜 문제, 진짜 고통이 죄라는 사실을 알았습니다. 그리고 예수 그리스도의 복음으로 이 문제를 해결했습니다. 그렇다면 이제 무엇이 남았습니까? 우리는 이 복음으로 우리의 현실을 살아내야 합니다. 복음의 영광과 능력으로 오늘을 사는 삶을 살아야 합니다. 바로 하나님을 즐거워하고, 하나님 말씀 안에 거하며, 하나님의 영광을 위하여 사는 삶입니다.

다윗은 그렇게 살았습니다. 그저 현실 문제 해결을 자신의 기쁨으로, 인생의 목적으로 삼지 않았습니다. 그래서 그는 하나님께서 기름 부어 세우신 왕을 죽였다고 주장한 사람을 심판했습니다. 사실 이 소년은 거짓말을 하고 있습니다. 사울은 스스로 목숨을 끊었습니다(삼상 31:4). 이 소년은 자신의 이익을 위해 '사울을 죽였다'는 거짓말로 사울을 세우시고 다윗을 이끄시는 하나님을 모욕했습니다. 그러나 다윗은 인간의 왕좌가 아니라 하나님의 통치를 더 기뻐했습니다. 자신이 높임을 받는 것보다 하나님의 이름이 모욕당하지 않기를 더 바랐습니다. 주님께서 가르쳐 주신 기도와 같이, 다윗은 오직 하나님 나라가 임하고, 하나님의 뜻이 이루어지길 소원하였으며, 그렇게 자신의 인생을 살아갔습니다. 그래서 그는 자신의 만족이 아니라 하나님의 공의를 이룰 수 있었고, 하나님의 사랑을 행하여 원수조차도 사랑할 수 있었던 것입니다.

진짜 어려움은 우리에게 닥쳐온 현실 문제가 아니라 하나님을 잃어버리는 것이며, 죄 가운데 거하는 것입니다. 곧 '거룩'을 잃어버리는 것입니다. 진짜 해결은 현실의 필요를 채우고, 문제가 사라지고, 앓던 이를 뽑는 것이 아닙니다. 예수 그리스도의 복음 안에서 하나님을 찾는 것입니다. 하나님께로 나아가는 것이며, 죄를 이기는 것입니다. 곧 '거룩'을 회복하는 것입니다.

'거룩'은 다른 것이 아닙니다. 복음 안에 거하는 것입니다. 예수 그리스도의 십자가를 의지하여 구원을 받은 신자가 하나님과 함께하며 하나님 말씀 안에서 성령의 도우심으로 사는 것입니다. 예수님을 알고, 예수님을 믿고, 예수님을 닮아 가는 것입니다.

이제 우리는 '거룩한 교회'가 되기를 더욱 힘써야 합니다.

주님의 말씀이 선포되고, 주님의 뜻이 이루어지며, 주님을 따르며 닮아 가는 주님의 제자들이 태어나고 길러지는 거룩한 교회가 되어야 합니다. 거룩한 가정, 거룩한 성도가 되기를 힘써야 합니다.

정말로 교회를 망하게 하는 것이 무엇일까요? 무엇이 교회를 무너뜨리는 심각한 위협일까요? 눈에 보이는 것이 교회를 망하게 하는 것이 아니라 거룩을 잃어버린 교회가 망합니다. 거룩을 잃어버린 교회는 결코 설 수 없습니다.

코로나19 시대를 지나며 준비해야 할 것들이 많습니다. 무엇을 준비해야 할까요? 온라인 예배를 위한 방송 장비를 더 준비해야 할까요? 교회 조직을 새롭게 만들어야 할까요? 교회는 눈에 보이는 시설이 없다고 망하는 것이 아닙니다. 성가대가 없다고, 실력 좋은 찬양팀이 없다고 망하는 것이 아닙니다. 교회는 거룩을 잃어버리면 망합니다.

우리의 예배가 거룩해져야 합니다. 사람이 드러나고 사람의 인기를 끄는 예배가 아니라, 오직 하나님의 뜻만이 드러나고, 복음의 말씀이 온전히 선포되며, 오직 하나님만 영광을 받으시는, 성령께서 충만히 임재하심으로 역사하시는 거룩한 예배가 되어야 합니다. 편리한 예배, 사람의 마음을 빼앗는 예배가 아니라 거룩한 예배가 진정한 예배입니다. 하나님께서 거룩하게 하신 자들이 거룩한 하나님의 부르심에 응답하여, 거룩한 공동체로 모여 하나님의 거룩을 경험하고 거룩하게 되어 이 세상을 거룩하게 하는 걸음을 시작하는 것이 예배입니다. 이 거룩하고 영광스러운 예배를 우리는 회복해야 합니다.

우리의 기도가 바뀌어야 합니다. 현실의 필요를 주님께 요구하는 것만이 아닙니다. 더 높은 것, 더 위대한 것, 더 영광스러운 소망을 주님 앞에 기도해야 합니다. 죄를 이기며, 하나님의 뜻을 깨닫고, 하나님 나라를 이루어 가는 우리가 되게 해 달라고 기도해야 합니다.

우리 삶의 모습이, 비전이 거룩해져야 합니다. 하나님의 뜻에 사로 잡혀 있어야 합니다. 이를 위해 기도하며, 이를 위해 나아가야 할 때입니다. 우리의 말과 행실이 거룩해져야 합니다. 말과 행실로 거룩하신 예수님을 드러내는 삶을 살아내야 합니다.

코로나19는 언젠가 끝날 것입니다. 이제 그 이후를 준비해야 합니다. 무엇을 준비해야 할까요? 코로나가 끝나면 모든 것이 정상으로 돌아오고 회복될까요? 아닙니다. 더 나빠지면 나빠지지 좋아지지 않을 것입니다.

그래서 우리는 더욱 거룩에 힘써야 합니다. 더욱 주님의 말씀을 붙잡아야 합니다.

03 이미 그러나 아직
삼하 2:10-11

다윗을 오랫동안 괴롭힌 사울이 죽었습니다. 이는 다윗에게 매우 중요한 일이었습니다. 오랫동안 자신을 괴롭힌 강력한 원수가 죽었기에 이제 다소 평안한 길이 열리게 되었습니다. 실제로 그랬는지와는 별개로 다윗이 새로운 인생의 전기를 맞이한 것은 분명한 사실입니다.

사울의 죽음은 국가적으로도 큰 의미가 있었습니다. 새로운 왕이 세워질 때가 된 것입니다. 다윗은 이미 오래전에 왕으로 기름 부음 받아 임명되었습니다(삼상 16:13). 10대 중반에 사무엘에게 기름 부음을 받았고, 이제 그는 장년이 되었습니다. 그리고 이제 모든 상황이 무르익었습니다. 가장 큰 걸림돌이었던 사울이 죽었습니다. 다윗 자신도 상당한 세력을 얻었으며, 사람들의 지지도 받고 있습니다. 모두가 예전부터 다윗이 왕이 될 것을 알고 있었고, 심지어 사울조차도 인정했던 사실입니다. 이제 다윗이 이스라엘의 왕이 될 때가 된 것입니다.

　　그런데 사무엘하 2장에 기록된 다윗의 모습과 현실은 그렇지 않습니다. 다윗은 더 이상 시글락에 머물지 않기로 결정하고, 고향으로 돌아오려고 합니다. 이 일 역시 다윗은 자신의 마음대로 하지 않고 하나님께 먼저 여쭙니다. 다윗은 자신의 왕좌로 올라간 것이 아니라, 먼저 하나님께 올라갔습니다.

> 내가 유다 한 성읍으로 올라가리이까 … 여호와께서 이르시되 올라가라 … 헤브론으로 갈지니라 _삼하 2:1

　　다윗은 그 말씀에 순종하여 헤브론으로 돌아옵니다. 그곳에서 유다 지파 사람들이 다윗에게 기름을 부어 유다 족속의 왕으로 삼습니다. 그리고 다윗은 7년 6개월 동안 유다 족속의 왕이 되어 다스립니다.

　　그는 고향으로 돌아왔고, 자신의 고향 곧 유다의 왕이 되었습니다. 여기에는 매우 중요하고 특별한 의미가 있습니다. 다윗이 왕은 되었지만, 반쪽짜리라는 의미입니다. 비록 유다 지파가 가장 강력한 세력을 가졌다 하여도 이스라엘 영토 중 남쪽 일부입니다. 유다 지파를 제외한 나머지 열한 지파의 지지는 요원합니다.

심지어 사울의 신하 아브넬이 사울의 아들인 이스보셋을 이스라엘 나머지 지방의 왕으로 세웁니다(삼하 2:9). 그는 다윗보다 훨씬 큰 지역을 다스립니다. 그리고 이는 두 세력 사이의 전쟁, 곧 내전으로 확대됩니다(삼하 2:12 이후). 여기까지가 사울이 죽고 나서 다윗이 처음으로 겪은 일들입니다.

다윗은 오래전에 왕으로 기름 부음을 받았지만, 왕으로서 대접을 받기는커녕 오히려 오랫동안 자기 목숨을 부지하기 위해 도망쳐야 하는 비참한 신세였습니다. 이제 왕이 될 기회가 왔지만, 또다시 그의 즉위식은 미루어졌습니다. 그의 영광은 또 보류되었고, 그는 또 기다려야 했습니다. 7년 6개월이 지나고 전체 이스라엘의 왕이 되었어도 그의 인생에는 전쟁이 그치지 않았으며, 그는 고통스러운 현실을 살아야 했습니다. 이것이 다윗의 현실이었습니다. 또한 우리가 살아왔고, 우리가 살아가고 있으며, 앞으로 우리가 살아야 할 현실입니다.

우리도 다윗처럼 예수 그리스도를 믿음으로 말미암아 이미 구원을 받았습니다. 하나님의 자녀가 되었고, 하나님 나라의 백성이 되었습니다. 그러나 역시 다윗처럼 구원을 받았음에도 불구하고 여전히 어렵고 고통스러운 현실을 맞이합니다. 그리고 그 현실 속에서 저 영원한 천국을 바라보며, 또다시 기다리고 견디며 싸워야 합니다.

많은 분이 구원에 관하여 가지고 계신 오해가 있습니다. 구원을 내세, 곧 죽어서 가는 천국으로만 믿거나, 혹은 구원이 현실의 모든 문제를 즉각적으로 시원하게 해결해 줄 것이라고 믿는 것입니다. 완전히 틀린 이해는 아니지만, 그렇다고 바르고 온전한 이해도 아닙니다. 구원에 관한 부족한 이해입니다.

구원은 죽음 이후의 천국만을 약속하는 것이 아닙니다. 물론 이 자체로도 얼마나 크고 놀랍고 귀한 복인지 모릅니다. 그리고 우리 모두는 어떤 슬픔도 고통도 없이 기쁨과 영광만이 충만한 천국을 소원합니다.

그러나 우리가 예수님을 믿는 순간 곧장 천국으로 가는 것이 아닙니다. 말 그대로 죽어 천국에 갈 때까지 이 땅에서 살아야 합니다. 우리를 사랑하시고 구원하신 하나님께서는 우리가 이 땅에서, 현실을 살아가도록 도우시고 붙드십니다.

구원은 우리가 사는 이 땅에서도 누리고 경험하는 하나님의 은혜입니다. 오히려 이 땅에서, 이 땅의 현실 속에서 우리가 구원받았다는 사실이 분명히 드러나고, 그 구원의 열매를 맺어 하나님께 영광을 올려 드리게 됩니다. 더하여, 우리가 구원받았다고 해서 우리 현실의 문제들이 즉각적으로 해결된다거나 획기적이고 만족할 만한 변화가 일어나는 것도 아닙니다.

'수련회 후유증'이라는 것이 있었습니다. 수련회에 가면 얼마나 많은 은혜를 받고 큰 변화를 결심하고 내려오는지 모릅니다. 그런데 수련회를 마치고 집에 오면 아무것도 변하지 않았습니다. 나만 바뀐 것입니다. 그 어느 것도 변화되지 않은 그대로입니다. 심지어 나 자신도 별로 변하지 않았다는 것을 곧 깨닫게 됩니다. 구원받았으니 나를 둘러싼 환경도, 그리고 나도 잘 바뀌면 좋겠는데, 그런 변화는 잘 일어나지 않습니다. 변화는 천천히 일어납니다. 심지어 세상은 전혀 바뀌지 않는 것 같습니다. 더욱이 내가 원하는 대로가 아니라 전적인 하나님의 뜻으로 이루어지기에 어떤 경우에는 변화를 전혀 의식하지 못할 때도 있습니다. 그래서 실망하고 낙심합니다.

구원에 대한 이러한 오해는 현실을 대하는 우리의 모습마저도 잘못되게 만듭니다. 두 가지의 극단을 낳습니다.

먼저는 신앙과 세상, 신앙과 현실을 분리하는 것입니다. 구원의 은혜가 내세에만 있다고 믿으니 현실을 포기합니다. 변하지 않는 세상은 하나님께 버림받은 더러운 곳이라고 생각하니 세상은 신자가 살 곳이 아니라고 믿습니다. 이는 지금 이곳에 임하는 하나님 나라의 능력과 성령께서 역사하시는 믿음의 역동성을 스스로 상실하는 것입니다.

다른 하나는 믿음과 세상이 같아지는 것입니다. 이는 세상이 교회에 속하는 것이 아니라 교회가 세상에 종속되는 방식으로 나타납니다. 교회와 세상의 구분이 사라지고, 세상의 원리가 교회의 원리가 되고, 세상의 목표가 교회의 목표가 되어 버립니다. 이는 영광과 거룩의 하나님 나라를 잃어버리는 것입니다.

이 두 극단은 구원받은 신자가 이 세상을 살아가는 답이 될 수 없습니다. 우리 모두가 잘 알 듯이, '하나님께서는 세상을 포기하신 적이 없습니다. 오히려 하나님께서 이 세상을 사랑하신다'(요 3:16)고 말씀하십니다. 그렇다고 하여 교회가 세상에 동화되어서도 안 됩니다. 교회는 세상 속에 있지만 세상과 구별된 존재, 곧 거룩한 하나님의 백성이기 때문입니다.

이 두 극단을 피하고, 우리가 현실을 믿음으로 바르게 살아가기 위해서는 '구원의 본질'이 무엇인지를 정확하게 이해해야 합니다. 구원의 본질은 영원하신 하나님과의 영원하고 영광스러운 사귐입니다. 완전한 영광과 영원한 생명으로 하나님과 영원히 함께하는 것이 구원입니다.

그래서 우리와 하나님 사이를 가로막았던 죄악의 담을, 예수님께서 당신의 살을 찢으시고 피를 흘리심으로 무너뜨리셨습니다. 성령 하나님께서 우리로 하여금 예수 그리스도를 구주로 믿게 하시고, 예수님께서 우리의 죗값을 대신 치르신 그 대속의 은혜를 받아 누리게 하셨습니다.

하나님과의 영원한 생명과 완전한 영광의 사귐이 구원의 본질입니다. 영광스러운 삼위일체 하나님의 완전한 사귐 안으로 들어가 우리도 하나님과 그 사귐을 누리는 것입니다.

그 영원 속에는 우리의 과거와 현재와 미래가 다 담겨 있습니다. 하나님의 영광의 빛이 우리 삶을 비춥니다. 그래서 우리가 살아가는 현실, 즉 시간과 공간의 성격도 바뀌는 것입니다. 그저 우연히 일어난 현실도 아니고, 그저 되는 대로 살아도 되는 현실이 아닙니다. 세상이 만들어 낸 현실도 아니고, 내가 내 마음대로 해도 되는 현실도 아닙니다.

비록 고통스럽고, 답답하고, 힘들고, 어렵고, 앞이 보이지 않아도, 내가 지금 살고 있는 이 현실은, 하나님께서 나와 함께하시는 현실입니다. 하나님의 다스림 안에 있는 현실이며, 하나님의 은혜와 영광의 빛이 비취는 현실입니다. 영원 전에 나를 택하신 하나님께서 당신의 뜻을 이루시고, 당신의 나라를 세워 가시는 시간과 장소가 바로 내가 사는 오늘이라는 현실이며, 이곳이라는 현실입니다.

우리는 가늠할 수조차 없는 과거에, 하나님께서는 이미 우리를 자녀 삼으시기로 결정하셨습니다. 그리고 앞으로, 아직 오지 않은 미래에 영원한 천국이 임할 것이고, 그곳에서 우리는 주님과 함께 영원토록 즐거이 살 것입니다.

지금 우리가 살고 있는 현실은 바로 그 사이에 있습니다. 과거의 은혜와 미래의 영광을 잇는 다리입니다. 그래서 우리의 현실은 은혜와 영광을 동시에 누립니다. 이 현실이라는 다리를 걸을 때 우리가 알기도 전에 주어진 은혜를 깨닫고 경험하게 됩니다. 이 현실이라는 다리를 지나야 아직 오지 않았지만, 반드시 오게 될 그 영광을 향하여 나아갈 수 있습니다.

우리의 현실은 우리를 향하신 하나님의 계획과 은혜가 실제로 이루어지는 하나님의 역사의 현장입니다. 그래서 우리는 하나님의 은혜를 의지합니다. 우리의 현실은, 앞으로 이루어질 새 하늘과 새 땅, 저 영광스러운 천국을 바라보는 시간과 장소입니다. 그래서 우리는 절망 가운데 소망을 품고, 고통 가운데 회복을 바라며, 비참함 가운데 영광을 향하여 나아갑니다.

다윗은 이미 왕이었습니다. 그러나 그는 아직 왕이 아니었습니다. 그는 이미 왕으로 기름 부음 받았지만, 영원하고 완전한 왕권을 향하여 한 걸음씩 나아가야 했습니다.

우리도 동일합니다. 우리도 이미 하나님의 자녀요, 영광스러운 하나님의 백성입니다. 그러나 우리도 아직 완전한 영광의 때를 만나지 못했습니다. 지금과는 비교조차 할 수 없는 영원하고 완전한 영광의 나라를 향하여 우리는 갈 것입니다.

이미 받은 은혜로 우리는 안심할 수 있습니다. 그 안에서 평안할 수 있습니다. 쉼을 얻을 수 있고 회복을 경험하게 됩니다. 아직 오지 않은 은혜, 앞으로 누리게 될 그 영광을 바라봄으로, 우리는 소망을 품을 수 있으며 사명을 붙잡고 게으름을 이기며 주님을 더욱 사랑하고 섬길 수 있습니다.

그러므로 이제 우리에게 더욱 필요한 것은, 발은 땅에 두는 동시에 눈은 하나님을 향하는 것입니다. 손은 현실의 일에 최선을 다하는 동시에, 마음은 영원한 하나님께 두는 것입니다. 이 땅의 삶의 현실에서 열매를 맺는 동시에, 생명과 소망과 기쁨의 뿌리는 하나님의 나라에 두는 것입니다. 현실에 닥치는 고난 앞에 좌절하지 않고 소망의 하나님을 붙드는 것입니다. 현실의 만족에 안주하여 게을러지지 않고, 하나님께서 주시는 거룩한 소망을 붙들고 사명을 감당해 나가는 것입니다. 믿음으로, 인내함으로 주와 함께 오늘을 사는 것입니다. 소망으로 주님을 기다리는 것입니다. 이렇게 살아가는 사람들을 가리켜 '주님의 제자'라고 합니다. 그 믿음의 능력으로 오늘 여기서 거룩하고 영광스러운 삶을 살아가야 합니다.

04 세왕 – 진정한 왕 예수
삼하 3:1

우리는 '왕'이 없는 시대를 살아가고 있습니다. 그러나 우리 모두는 필요를 채워 주고, 도움을 주며, 어려움에서 나를 구해 줄 왕을 찾습니다. 어떤 왕의 지배와 보호를 받느냐에 따라 우리 인생의 모습과 성격이 결정됩니다.

사무엘하 3장에는 세 명의 인물이 등장하고, 그들이 섬긴 각각의 왕들이 나타납니다.

먼저, 아브넬의 왕은 세상과 사람이었습니다. 아브넬의 첫 번째 왕은 사울이었습니다. 그는 사울의 군사령관(삼하 2:8)이었고, 사울이 죽은 이후에 사울의 아들 이스보셋을 왕으로 세울 만큼 사울에게 충성된 사람이었습니다.

아브넬의 두 번째 왕은 사울의 아들 이스보셋이었습니다. 사울이 전사했고 이제 다윗이 왕이 되려 합니다. 그러나 여전히 다윗은 약했습니다. 아직 이스라엘 전체를 다스리지 못했습니다. 그러자 아브넬은 사울의 잔존 세력들과 다윗을 지지하지 않는 세력들을 모아 다윗을 거부합니다. 사울의 아들 이스보셋을 왕으로 세우고 사울 왕조를 이어 자신의 권력도 유지하려 했습니다. 그러나 이러한 시도는 곧 실패하고 맙니다. 아브넬은 사울의 첩과 간음을 저지릅니다(삼하 3:7). 이는 사울 왕조에 대한 모욕이자 반역이었습니다. 이로 말미암아 이스보셋과 갈라서게 됩니다.

그 후 아브넬은 자신의 세 번째 왕을 선택합니다. 바로 다윗입니다. 아브넬은 이스보셋을 배신한 후 다윗에게로 넘어옵니다. 모든 이스라엘 세력을 다윗에게 넘길 것을 약속하며(삼하 3:12), 이스라엘 지역 장로들을 다윗에게 투항하게 합니다(삼하 3:17-18). 그리고 다윗은 아브넬과 언약을 맺고 그를 받아들입니다(삼하 3:21).

아브넬은 정치적 감각, 현실 감각이 매우 뛰어났습니다. 상황을 잘 파악해서 자신에게 유익이 되는 결정을 아주 잘하는 사람이었습니다. 그래서 왕도 수시로 바꿀 수 있었던 것입니다.

그러나 그가 내린 결정은 하나님 앞에서 자신의 죄를 돌이키고 하나님 뜻에 순종하기 위한 '거룩한 결정'이 아니었습니다. 그는 자신의 미래와 안정을 사람과 세상에 의지했을 뿐입니다.

다윗을 선택한 아브넬은 다윗의 신하인 요압에게 이내 죽임을 당하고 맙니다. 그는 안전을 찾아 왕을 바꾸었지만, 역설적이게도 어느 왕에게서도 안전을 얻지 못했습니다. 현실적인 만족을 추구했지만 가장 비참한 현실로 인생을 마무리합니다. 사람과 세상은 참되고 완전한 왕이 아니기 때문입니다.

두 번째, 요압은 자기 자신이 왕이었습니다. 다윗이 아브넬을 받아들이자 요압은 격분합니다. 왜냐하면 앞선 전쟁에서 아브넬이 자신의 동생을 죽였기 때문입니다(삼하 2:23). 요압은 심지어 왕을 꾸짖습니다(삼하 3:24-25). 결국 요압은 다윗의 뜻과 결정에 반하여 아브넬을 죽이고 맙니다(삼하 3:27). 다윗은 이스라엘 공동체의 통일과 회복을 위해 아브넬을 받아 주었습니다. 그러나 요압은 다윗의 계획과 뜻, 이스라엘 공동체의 회복에도 큰 관심이 없었습니다.

본질적으로는, 다윗을 통해 이루고자 하시는 하나님의 뜻에 마음을 두지 않았습니다. 그에게는 동생의 죽음에 대한 복수가 가장 중요했습니다. 그는 철저히 자기 자신의 뜻에 따라 움직였습니다. 그는 다윗의 신하였지만 다윗을 왕으로 섬기지는 않았습니다.

세상과 사람을 왕으로 섬긴 아브넬과 자기 자신을 왕으로 섬긴 요압은 사실 같은 왕을 섬겼습니다. 그들의 왕은 '자기 자신'이었습니다. 아브넬이 이 왕, 저 왕 옮겨 갔던 이유도 결국은 자기 자신의 기준과 뜻에 따른 것이었습니다. 둘 다 목표는 '자기만족'이었고, 둘 다 왕은 '자기 자신'이었습니다.

팀 켈러는 인간의 본성적 자아를 "한껏 부풀어 올라 터지기 직전까지 이르렀다"[1]라고 설명합니다. 모든 사고와 판단, 다른 사람들과 맺는 관계, 관계 속에서 이루어진 모든 활동, 그 모든 것이 철저히 한껏 부풀어 오른 자아를 중심으로 이루어진다는 것입니다. 내가 기준이 되고, 내가 진리가 되어, 내가 나의 왕도 되고, 내가 하나님도 되는 것입니다.

한껏 부풀어 오른 우리 자아는 하나님께도 '왕의 자리'를 쉽게 내어 드리려 하지 않습니다. 하나님을 필요로 하기는 하지만 하나님께 순종하지는 않습니다. 하나님을 찾기는 하지만 하나님을 위하여 살려고 하지 않습니다. 하나님과 관련된 활동을 하기는 하지만, 그것 역시 하나님의 영광이 아닌 나의 만족을 위하여 할 때가 많습니다.

전적으로 하나님을 위하여 드리는 예배마저도 자아 중심성을 벗어나지 못하곤 합니다. 이 예배를 통하여 우리는 무엇을 얻으려 하고, 또 무엇을 이루려고 합니까? 이 예배의 이유와

---

1 팀 켈러, 「복음 안에서 발견한 참된 자유」, 장호준 역 (서울: 복있는사람, 2021), 20.

목적은 과연 무엇입니까?

우리는 하나님께서 우리를 부르셨기 때문에 예배드릴 수 있습니다. 우리가 스스로 예배를 결정한 것이 아닙니다. 우리의 타락한 본성은 '거룩'을 싫어합니다. 그래서 거룩하신 하나님을 뵙고 경험하는 예배에 나오려고도 하지 않고 나올 수도 없습니다. 우리가 예배드릴 수 있는 것은 전적으로 하나님께서 우리를 이 예배의 자리로 부르셨기 때문입니다. 그래서 이 거룩한 예배의 목적은 하나님의 다스림을 받고, 하나님께 감사와 영광을 올려드리기 위함입니다.

그러나 이 예배마저도 자기만족을 위하여 '참여'할 때가 얼마나 많은지 모릅니다. 설교를 통해 우리에게 말씀하시는 하나님의 음성에 귀 기울이기보다 설교가 얼마나 내 관심사를 충족시켜 주고 내 마음에 드는가를 먼저 따집니다. 우리의 기도가, 우리의 찬송이, 얼마나 하나님을 기뻐하고 하나님께 영광을 올려드리는가를 생각하기보다 내가 얼마나 즐겁고, 내가 얼마나 만족스럽고, 내가 얼마나 사람들에게 인정받을 수 있는가를 먼저 생각합니다.

하나님 앞에 범죄한 죄인인 내가 낮아지고 회개하며 그 은혜를 간구하는 것이 아니라, 나를 드러내고 높이는 데 관심을 둡니다. 하나님 앞에 드리는 헌금도, 봉사도, 그렇게 '자아의 다스림' 안에서 '자기만족'을 위하여 이루어질 때가 있습니다.

하나님 앞에 나아오는 구별되고 특별한 시간과 장소인 예배마저도 그렇다면, 우리 일상은 과연 어떨까요? 교회 밖에서 우리 왕은 누구입니까? 교회 안이나 밖이나 하나님은 동일하신데, 왜 우리 왕은 시간에 따라, 장소에 따라, 환경에 따라, 만나는 사람들에 따라 자꾸 바뀌는 걸까요? 아브넬처럼 상황에 따라 왕을 바꾸고 있지 않습니까? 요압처럼 하나님을 지워 버리고 스스로 왕이 되어 있지는 않습니까?

교회는 자기를 부인하고, 오직 하나님의 왕권을 인정하며, 그분 앞에 나아오는 주님의 제자들의 공동체이지, 자아실현을 위해 활동하는 사람들의 모임이 아닙니다. 교회는 하나님 나라를 섬기며 확장해 가는 주님의 제자들을 세상으로 파송하는 주님의 몸이지, 자기 이익과 목적의 달성을 위해 이용할 수 있는 기관이 아닙니다. 하나님께서 우리에게 주신 은사는 자아실현이 아니라 교회와 성도들을 돕고 유익하게 하라고 주신 수단이요 도구일 뿐입니다.

세상과 사람을 왕으로 섬기는 인생은 결코 완전한 위로와 안식을 얻지 못합니다. 자기 자신을 왕으로 섬기는 인생 역시, 참된 영광과 생명을 누리지 못합니다. 세상은 수시로 변하고, 나 자신 역시 너무나 약하여 넘어지고 쓰러집니다. 이런 세상과 사람이, 나 자신이, 어떻게 나에게 생명과 안식을 주는 나의 왕이 될 수 있겠습니까?

우리는 세상보다, 사람보다, 나보다 더 강하고 완전하며 지혜로운 왕을 섬겨야 합니다. 나보다 나를 더 사랑하는 왕의 보호와 인도를 받아야 합니다. 바로 그 왕을 다윗은 섬겼습니다. 다윗에게 왕은 오직 하나님 한 분이었습니다.

그는 원수의 부하였고, 또 원수였던 아브넬을 받아들였습니다. 다윗이 아브넬을 받아들인 것은 개인의 만족과 이익, 감정보다 이스라엘 공동체 전체의 통일을 먼저 생각했기 때문입니다. 이는 단순히 정치적 판단이 아닙니다. 이는 하나님께서 그에게 맡기신 사명이자 이스라엘 왕의 책무였습니다. 그는 하나님의 뜻이 우선이었고, 하나님 나라가 가장 중요했기에 원수라고 해도 아브넬을 받아들인 것입니다.

그가 섬기는 나라는 자기 뜻이 이루어지는 자신의 나라가 아니었습니다. 하나님 뜻이 이루어지며, 원수라도 하나님의 은혜 안에서 회복되는 하나님 나라였습니다.

다윗에게 왕은 사람도, 세상도, 자기 자신도 아닌 오직 하나님이었습니다. 왕이신 하나님 뜻을 이루며, 그 나라를 섬기며 그 안에서 다윗은 참된 왕으로 세워진 것입니다.

그러므로 3장 1절의 말씀은 단순히 왕조의 전환을 말하는 것이 아닙니다. 사람이 왕인 사울왕의 시대가 지나고, 하나님이 왕이신 다윗의 시대, 하나님 나라의 시대가 비로소 시작된 것입니다. 새로운 시대의 선포입니다. 그리고 이 하나님 나라의 역사는 하나님께서 우리에게 보내신, 영원하고 완전하신 왕을 통하여 마침내 이루어집니다. 다윗도 그 왕을 바라보았습니다.

다윗이 간절히 바랐고, 다윗 후손으로 오셨으며, 하나님이시고, 하나님이 보내신 왕, 바로 예수님이십니다. 그분은 당신의 백성인 교회의 왕이시고, 모든 나라와 민족의 왕이시며, 우리를 다스리시고 인도하시며 보호하시는 왕이십니다.

주님의 왕권은 이 세상의 권력과는 완전히 다릅니다. 주님의 통치는 억압이 아닙니다. 주님은 먼저 우리를 섬기셨습니다. 우리를 위해 낮아지셨고, 우리 죄의 짐을 대신하여 십자가에 달리셨으며, 그분의 섬기심으로 우리가 영광을 얻었고, 그분의 낮아지심으로 우리가 높아졌으며, 그분의 죽으심으로 우리가 생명을 얻었습니다.

예수님의 통치는 또한 무관심하고 무기력하게 우리를 버려두시는 것도 아닙니다. 주님은 당신의 말씀과 성령으로 우리를 다스리십니다. 말씀의 교훈으로 주를 알게 하시고, 성령의 능력으로 우리를 이끌어 가십니다. 그분의 통치는 영광과 능력의 통치입니다. 그러므로 오직 그분에게만 우리의 안식과 안정과 위로와 평화가 있습니다.

웨스트민스터 소요리문답 26문답은 우리에게 다음과 같이 말합니다.

문. 그리스도께서 어떻게 왕의 직분을 행하시나요?

답. 그리스도께서 왕의 직분을 행하시는 것은, 우리를 그분께 복종케 하시고, 우리를 다스리시고, 보호하시고, 그와 우리의 모든 원수를 막고 이기시는 것입니다.

그분이 우리의 왕이십니다. 주님을 왕으로 섬긴다는 것은, 그분의 다스림 안에 있다는 것은 우리가 이 땅을 살아갈 때 가장 효과적인 능력이요 위로요 소망입니다. 그분의 다스림은 진리와 생명이 충만하니, 그분께 순종하여 사는 삶이야말로 복과 생명을 누리는 삶입니다. 그분이 우리를 보호하시니 어떤 환란과 공격이 닥쳐와도 안심할 수 있고 소망을 품을 수 있습니다.

그분이 우리를 죽이려는 모든 원수를 막으시고 이기십니다. 가장 강력한 원수인 사망을 그분이 이기셨으니, 그분을 믿는 자마다 사망을 이기고 주께서 주시는 부활의 생명으로 주님과 함께 영원히 살 것입니다.

이보다 더 안전하고 능력 있는 약속이 어디에 있습니까? 이보다 더 귀한 소망이 어디에 있습니까? 이보다 더 확실한 복이 어디에 있습니까? 주님의 다스림과 보호와 인도 아래에 있는 우리의 인생이야말로 참으로 복되고 영광스러운 인생입니다.

05 하나님을 모르는 악인의 멸망

삼하 4:9-12

성경에는 하나님의 은혜, 사랑, 소망과 기쁨이 가득한 본문이 있는 동시에, 인간의 비참하고 고통스러운 현실, 실수, 죄악, 실패를 있는 그대로 기록한 본문도 있습니다. 아무리 위대한 인물이라 해도 피할 수 없습니다. 성경은 하나님의 위대하심과 인간의 비참함을 있는 그대로 기록합니다.

사무엘하 4장에도 3장과 비슷하게, 다윗과 다윗에 대비되는 인물들이 기록되어 있습니다. 가장 먼저 등장하는 인물은 '이스보셋'입니다. 그는 전적으로 무능한 존재였습니다. 그는 사울의 아들이며, 다윗에게 맞서는 세력의 왕입니다. 그는 왕이지만, 사실 아브넬이 그를 세웠고, 그를 조종했습니다. 즉, 그는 허수아비 왕이었습니다. 무엇보다 이미 사울 시대가 끝나고, 다윗 시대, 곧 위대한 하나님 나라의 새로운 시대가 시작되었지만, 여전히 과거에 붙잡혀 앞으로 나아가지 못하는 사람이었습니다.

아브넬이 다윗에게 넘어갔다가 암살을 당했습니다. 이스보셋은 아브넬이 죽었다는 소식을 듣자 깊은 절망과 무기력, 낙심에 빠지고 맙니다(삼하 4:1). 사실 이스보셋에게 아브넬은 배신자입니다. 아브넬은 그를 조종했고, 사울과 가문을 모욕하고 조롱했습니다. 그런데 이스보셋은 아브넬의 죽음으로 어떤 자유와 자존감을 회복한 것이 아니라, 오히려 더 큰 고통과 절망에 빠지고 맙니다. 이스보셋은 아브넬을 두려워하고 있었습니다(삼하 3:11). 하지만 동시에 의존하고 있었기 때문입니다. 사람은 자신이 가장 의존하는 것을 가장 두려워합니다.

아브넬이 죽고 난 이후 이스보셋은 거의 아무 일도 하지 못합니다. 사무엘서 저자는 이스보셋이 '낮잠을 잤다. 침실에 있었다'(삼하 4:5, 7)라고 기록합니다. 그가 무기력과 자포자기에 빠져 급박한 상황에서도 자기 자신조차 돌보지 못하는 상태였음을 의미합니다. 그러다 결국 자신의 신하들에게 암살을 당합니다.

이스보셋은 참으로 비참한 인생입니다. 한편으로는 정말 불쌍한 사람입니다. 그는 평생을 무기력하게 살았습니다. '왕', '사울의 아들'이라는 이름은 있었지만, 스스로 아무것도 할 수 없는 존재였습니다. 자기 자신조차도 지킬 수 없었습니다. 무엇보다 그는 하나님께서 다윗을 통하여 이루시는 하나님 나라에 전혀 참여할 수 없는 존재였습니다. 그는 하나님 나라에 참여할 마음도 없었고, 참여할 만한 능력도 없었습니다. 그는 전적으로 무능했습니다.

두 번째 인물들은 '바아나'와 '레갑'이라는 이스보셋의 신하들입니다(삼하 4:2). 그들은 전적으로 무지한 사람들이었습니다. 그들은 '군 지휘관'으로 매우 높은 지위에 있었습니다. 무엇보다 그들은 이스보셋과 같은 '베냐민 지파'였습니다. 한 집안 사람들이었습니다. 그런데 그들은 이스보셋을 암살합니다(삼하 4:6-7). 그러고는 이스보셋의 머리를 다윗에게 가져갑니다.

이들의 진짜 문제는 이스보셋을 배신한 것보다 다윗을 오해한 것이었습니다. 그들은 예전에 있었던 일을 그대로 반복합니다. 사울을 죽였다고 거짓말하며 이를 통해 자신의 안정을 꾀하던 사람이 있었습니다(삼하 1:10). 그러나 다윗은 그를 사형에 처했습니다. 이 두 사람도 똑같은 일을 당합니다. 그들은 다윗에게 이스보셋의 머리를 바치면 다윗이 자신들을 칭찬하고 자신들의 미래를 보장해 줄 것이라고 믿었습니다(삼하 4:8). 그러나 다윗은 오히려 그들을 심판합니다(11-12절). 왜냐하면 다윗에게 가장 중요한 삶의 목적은 자기 원수를 갚는 것, 자기 뜻을 이루고 목적을 달성하는 것이 아니라 하나님 뜻을 이루고, 하나님 나라를 세우는 것이었기 때문입니다.

이 두 사람은 무지했습니다. 그래서 과거에 일어난 죄와 실패를 그대로 답습합니다. 그들은 다윗을 몰랐습니다. 다윗이 무엇을 원하는지, 무엇을 기뻐하는지 전혀 알지 못했습니다. 정확히는 하나님께서 다윗을 통하여 이루고자 하시는 것이 무엇인지 알지 못했습니다. 다윗을 사용하시는 하나님을 알지 못했습니다. 그들은 하나님에 관하여 전적으로 무지했습니다. 그 무지가 그들을 망하게 했습니다.

이스보셋은 하나님에 관하여 전적으로 무능했습니다. 그는 하나님 나라의 거룩한 역사에 참여할 만한 능력도 없었고, 참여하려는 의지도 없었습니다. 자기 힘으로 자기 자신조차 지킬 수 없어서 끊임없이 사람을 의지했지만, 그 어느 곳에서도 참된 도움을 얻지 못했습니다.

이스보셋의 두 신하는 하나님에 관하여 전적으로 무지했습니다. 그들은 하나님을 전혀 몰랐습니다. 하나님께서 무슨 일을 이루고 계신지, 하나님의 뜻과 계획이 무엇인지 그들은 알지 못했고, 알려고도 하지 않았습니다. 그저 자신들의 계획과 뜻으로 움직였지만, 그 모든 계획은 죄를 반복하는 것이었고, 그들을 심판으로 이끌 뿐이었습니다.

그들은 하나님을 향하여 전적으로 무능하고, 전적으로 무지한 자들이었습니다. 이를 가리켜 우리 믿음의 조상들은 인간의 '전적 부패', 모든 인간의 '근본적인 부패와 타락'이라고 설명했습니다.

모든 인간의 본성은 죄로 말미암아 근본적으로 부패했습니다. 그래서 인간은 하나님께서 기뻐하시는 일을 할 수도 없고, 하려고도 하지 않는 전적으로 무능한 존재입니다. 또한 하나님을 알 수도 없고, 알려고도 하지 않는 전적으로 무지한 존재입니다. 바로 제 모습이고, 당신의 모습이며, 우리 모두의 본성입니다.

다윗은 사람들의 이러한 전적인 부패의 모습을 보고 시편 14편을 기록했을 것입니다.

어리석은 자는 그의 마음에 이르기를 하나님이 없다 하는도다 그들은 부패하고 그 행실이 가증하니 선을 행하는 자가 없도다 여호와께서 하늘에서 인생을 굽어 살피사 지각이 있어 하나님을 찾는 자가 있는가 보려 하신즉 다 치우쳐 함께 더러운 자가 되고 선을 행하는 자가 없으니 하나도 없도다 _시 14:1-3

그리고 바울은 그 시편의 말씀을 통하여 인간의 전적 부패를 다시금 확인합니다.

기록된바 의인은 없나니 하나도 없으며 깨닫는 자도 없고 하나님

을 찾는 자도 없고 다 치우쳐 함께 무익하게 되고 선을 행하는 자

는 없나니 하나도 없도다 _롬 3:10–12

의인, 하나님께서 기뻐하시고 하나님의 기준에 부합하여 하나님께서 만족하실 만한 자는 하나도 없습니다. 하나님을 깨닫는 자도 없습니다. 하나님 뜻을 깨닫고 이해하여 하나님을 아는 참된 지식을 소유한 자가 없습니다. 하나님을 찾는 자도 없습니다. 완전하고 참된 도움이신 하나님을 찾기보다 세상을 의지하고 자기 자신을 의지합니다. 그래서 어느 누구도 유익한 존재가 되지 못하고, 선 곧 하나님께서 기뻐하시며 자신과 이웃에게 덕을 끼치고 복이 되는 선을 행하는 자도 하나도 없습니다.

모든 사람이 이렇게 죄로 말미암아 비참해졌습니다. 죄를 반복하며, 사망의 심판밖에는 하나님께 받을 것이 없는, 소망 없는 비참한 존재일 뿐입니다.

타락하고 변질된 기독교의 가장 큰 특징 중 하나는 죄를 가볍게 여긴다는 것입니다. 죄를 설교하지 않고, 회개를 촉구하지 않습니다. 죄와 실패를 인정하지 않습니다. 죄를 심판하시는 하나님을 두려워하지 않습니다. 친근한 하나님, 돕는 하나

님, 인자와 자비의 하나님만을 찾습니다. 그러나 우리가 만약 죄와 그 죄의 결과가 얼마나 고통스럽고 비참한지 알지 못한다면, 우리는 결코 하나님의 인자와 자비와 사랑과 구원의 은혜 역시 제대로 알 수 없습니다.

우리의 죄는 단순한 결함이나 잠깐 범한 실수가 아닙니다. 단순히 어떤 행동이나 마음, 생각의 문제가 아닙니다. 악한 행동과 나쁜 마음은 죄의 현상일 뿐입니다. 죄는 우리 본성이 하나님을 거부하는 것입니다. 죄는 우리 본성의 근본적인 오염입니다. 썩은 우물에서 아무리 물을 길어 올려도 썩은 물밖에 올라오지 않듯이, 죄를 지어서 죄인이 되는 것이 아니라 우리 본성이 죄로 변질되었기 때문에 우리 안에서 나오는 모든 생각과 행동과 말이 죄가 되는 것입니다. 그래서 죄 문제는 교양, 지식, 인격 수양, 공로, 활동으로 개선하거나 극복할 수 있는 것이 아닙니다.

더 큰 절망이 우리를 짓누릅니다. 우리 스스로는 결코 우리 본성을 바꿀 수 없다는 사실입니다. 이스보셋처럼 우리 스스로는 하나님께서 기뻐하실 만한 선을 행할 능력이 없습니다. 이스보셋을 배신한 두 신하들처럼 우리 지식으로는 하나님의 깊으신 뜻을 깨달을 수도 없고, 하나님을 믿고 그분을 의지하여 삶을 바꾸어 갈 만한 지혜를 소유할 수도 없습니다. 우리에게 닥치는 두 번의 헤어 나올 수 없는 절망입니다. 첫째는 내가 죄인이라는 사실이고, 둘째는 그 죄 문제를 결코 내가 해결할 수 없다는 무능에 대한 절망입니다.

그러므로 우리가 이 죄를 이기려면, 이 전적인 무능과 무지와 부패를 벗으려면, 우리의 부패한 본성이 변화되어야 합니다. 그저 행동을 바꾸고 마음과 생각을 바꾸는 정도의 변화가 아닙니다. 우리 근본이 바뀌어야 합니다. 이전의 죄악 된 나는 죽고, 새롭게 다시 태어나야 합니다. 새로운 생명을 얻어야 합니다.

하나님께서는 우리를 너무 사랑하시기에 우리에게 해결책을 주셨습니다. 우리의 죄악 된 본성을 바꿀 수 있는 길을 열어 주셨습니다. 그 구원과 생명의 길로 우리를 초청하셨습니다. 바로 예수 그리스도이십니다.

그는 허물과 죄로 죽었던 너희를 살리셨도다 그때에 너희는 그 가운데서 행하여 이 세상 풍조를 따르고 공중의 권세 잡은 자를 따랐으니 곧 지금 불순종의 아들들 가운데서 역사하는 영이라 전에는 우리도 다 그 가운데서 우리 육체의 욕심을 따라 지내며 육체와 마음의 원하는 것을 하여 다른 이들과 같이 본질상 진노의 자녀이었더니 긍휼이 풍성하신 하나님이 우리를 사랑하신 그 큰 사랑을 인하여 허물로 죽은 우리를 그리스도와 함께 살리셨고 (너희는 은혜로 구원을 받은 것이라) 또 함께 일으키사 그리스도 예수 안에서 함께 하늘에 앉히시니 이는 그리스도 예수 안에서 우리에게 자비하심으로써 그 은혜의 지극히 풍성함을 오는 여러 세대에 나타내려 하심이라 너희는 그 은혜에 의하여 믿음으로 말미암아 구원을 받았으니 이것은 너희에게서 난 것이 아니요 하나님의 선물이라 행위에서 난 것이 아니니 이는 누구든지 자랑하지 못하게 함이라 _엡 2:1-9

하나님께서 '허물과 죄로 죽었던' 우리를 살리셨습니다. 우리는 '죽을 수 있는', '죽을지 모르는' 존재가 아니라 '죽은 자'였습니다. 전적으로 부패하고 타락하여 하나님을 외면하고 떠나 죄 가운데 있던 죽은 자였습니다. 죽은 자를 하나님께서 다시 살리셨습니다. 그래서 이전의 나는 죽고, 새로운 내가 삽니다.

어떻게 이런 일이 일어났습니까? 우리가 감당할 수 없는 죄와 사망의 심판과 짐은 예수님께서 대신 지셨습니다. 우리가 결코 얻을 수 없는 의와 새로운 생명은 예수님께서 이루셨고, 그 의와 생명을 예수님을 구주로 믿는 자들에게 주셨습니다.

우리 본성을 예수 그리스도로 변화시키신 것입니다. 죽었던 우리에게 생명을 주셨습니다. 그러므로 이제 그리스도 예수 안에 있는 자에게는 결코 정죄함이 없습니다(롬 8:1). 왜냐하면 '그리스도 예수 안에 있는 생명의 성령의 법이 죄와 사망의 법에서 당신을 해방'(롬 8:2)하였기 때문입니다.

그러면 이제 우리가 할 일은 무엇입니까? 우리가 할 수 있는 일은 무엇입니까? 우리를 구원하신 하나님께 영광과 감사의 찬송을 올려 드리는 것 외에는 할 일이 없습니다. '예배'입니다. 예배야말로 구원받은 신자가 할 수 있고, 해야 하는 모든 일의 본질입니다.

우리 자신을 자랑할 수 없습니다(엡 2:9). 우리가 구원받은 것은 우리가 잘해서가 아닙니다. 무지한 자가 주를 알고, 무능한 자가 거룩한 삶을 살게 된 것은 주께서 우리를 살리셨기 때문입니다. 주께서 우리를 새롭게 하셨기 때문입니다.

우리가 지금까지 신앙생활 잘해 온 것 역시 우리가 잘해서가 아닙니다. 지금도 우리는 또 넘어집니다. 사도 바울이 로마서 7장에서 고백하는 것처럼 여전히 죄와 세상을 즐거워하는 죄의 본성이 남아 있고, 우리 육체가 세상을 따라갑니다(롬 7:23). 그럼에도 불구하고 여전히 우리가 믿음을 지키는 것은 그 시간 동안 수도 없이 저지른 우리의 실수와 오류를, 무지와 무능을 주께서 불쌍히 여기셔서 고쳐 주시고 도와주셨기 때문입니다. 주께서 우리를 붙잡고 계시기 때문입니다. 무능한 우리에게 능력을 주시고, 무지한 우리에게 지혜를 주시는 주님의 사랑과 능력이, 죽은 우리에게 새로운 생명을 주시고, 새로운 본성을 주셔서 주님과 함께 나아가도록 붙잡고 계시기 때문입니다.

그러므로 자랑할 것은 그래서 오직 예수 그리스도의 십자가밖에는 없습니다. 겸손히 주 앞에 엎드리는 것, 주께 감사하는 것, 그리스도의 십자가를 자랑하는 것, 그것이 바로 우리의 예배이며, 우리의 새로운 삶입니다.

06 여호와께서 그 나라를 높이신 것을
삼하 5:1–12

좋은 리더, 곧 훌륭한 지도자를 만나는 것은 큰 복입니다. 우리는 다른 사람의 간섭이나 지배를 받기는 싫어하지만, 실제로는 지도자, 리더가 우리 삶에 큰 역할을 합니다. 결국 모든 사람은 좋은 왕, 훌륭하고 이상적인 지도자를 필요로 하고, 또한 찾습니다.

사무엘하 3장에는 왕이 아니면서 왕처럼 군림하는 가짜 왕들이, 그리고 사무엘하 4장에는 그 가짜 왕들의 다스림을 받고 사는 사람들의 고통과 비참함이 기록되어 있습니다. 그리고 사무엘하 5장에는 진정한 왕이 등장합니다. 다윗이 드디어 모든 이스라엘의 왕이 되었고 통치를 시작합니다.

본문에는 다윗에게 붙여진 두 개의 이름과 다윗이 왕이 되어 이룬 두 가지 일이 기록되어 있습니다. 성경은 이를 통하여 하나님께서 기뻐하시는 왕, 우리를 구원하고 복되게 하며 하나님 나라와 뜻을 이루는 참된 왕이 어떤 존재인지 보여 줍니다. 이는 다윗을 설명하는 동시에 궁극적인 왕, 다윗조차도 바라며 소망했던 영원하고 완전한 왕을 우리에게 소개합니다.

첫째, 이스라엘 모든 지파 대표들이 헤브론으로 찾아와 다윗을 왕으로 삼으며, 다윗을 '한 골육'(1절)이라고 부릅니다. 여기 나오는 '한 골육'이라는 말은 뼈와 살을 나눈 형제, 친척이라는 말 이상의 의미를 가집니다.

최초의 골육 관계를 맺은 사람들이 누구일까요? 바로 '아담과 하와'입니다. 하나님께서 에덴동산을 지으시고 아담을 만드셨습니다. 그리고 아담의 갈비뼈로 여자, 곧 하와를 만드셨습니다. 아담은 하와를 "내 뼈 중의 뼈요 살 중의 살이라"고 부릅니다(창2:23).

'한 골육'이라는 말은 부부 관계를 뜻합니다.[2] 지금 이스라엘 사람들은 다윗에게 자신들의 '남편'이 되어 달라고 청혼을 하는 것입니다. 율법은 "네 이웃 사랑하기를 네 자신과 같이 사랑하라"(레 19:18)고 명령합니다. 그 사랑의 궁극적인 모습이 바로 부부 관계입니다. 왜냐하면 아담과 하와처럼, 배우자는 한 골육, 내 뼈이고 내 살, 곧 나 자신이기 때문입니다. 아내와

---

2 Tim Chester, *2 Samuel for you*(UK, Epsom: The Good Book Company, 2017), 37.

남편, 남편과 아내는 분리된 존재가 아닙니다. 원래 한 몸이었으나 잠시 나뉘었고, 결혼으로 다시 한 몸이 되는 존재입니다(창 2:24). 그래서 상대를 사랑함이 곧 나를 사랑함이 되는 관계가 부부의 사랑입니다.

지금 이스라엘 사람들은 다윗에게 '아내를 향한 남편의 사랑'을 요청합니다. '남편'은 구약 말씀으로는 '자기 자신과 같이 아내를 사랑하는 자'입니다. 신약 말씀으로는 '그리스도께서 교회를 사랑하신 것처럼 자기 목숨을 바쳐 아내를 사랑하는 자'입니다(엡 5:25). 다윗을 향한 그들의 요청은 이런 것이었습니다. "자기 자신처럼 우리를 사랑해 달라. 목숨을 다하여 우리를 사랑해 달라. 어떤 조건이나 상황에 따라 변하는 것이 아니라 모든 어려움과 고통 속에서도 변함없는 사랑으로 우리를 사랑해 달라."

우리는 사랑을 받지 못할 때 슬퍼하고 낙심합니다. 그래서 우리는 끊임없이 사랑을 갈구합니다. 그러나 이 세상과 사람에게서는 완전한 사랑을 받을 수 없기에 우리는 또 실망하고 낙심하고 슬퍼합니다.

우리 모두에게는 일시적이고 무의미한 사랑이 아니라 자기의 목숨까지 내어 주는, 자기 자신과 같이 나를 사랑하는 그 완전하고 변함없는 남편의 사랑과 위로가 필요합니다. 우리에게는 남편의 사랑으로 우리를 사랑하는 왕이 필요합니다.

둘째, 이스라엘 사람들은 다윗을 가리켜 '목자'라고 부릅니다(2절). '목자'인 왕입니다. 사실 목자는 왕이라는 이미지와 어울리지 않습니다. 왕은 군림함으로 통치합니다. 그러나 목자는 '군림'이 아닌 '낮아짐과 섬김'으로 양을 다스립니다. 목자는 양들과 분리된 높은 곳, 안락한 곳에서는 양들을 이끌 수 없습니다. 목자가 양들을 다스리기 위해서는 양들 속으로, 양의 자리로 낮아져야 합니다. 양들과 함께 먹고 마시며 들판과 먼지 속에서 함께해야 합니다. 목자는 양을 섬김으로 다스립니다. 양은 목자를 섬길 만큼 지혜나 능력이 있는 존재가 아닙니다. 양은 자기 자신도 돌볼 수 없습니다. 그래서 목자는 양들의 섬김을 받기는커녕 끊임없이 양들을 살피고 돌봐야 합니다.

이스라엘 사람들은 다윗에게 자신들의 목자가 되어 달라고 요청합니다. 군림함으로 통치하는 존재가 아니라 낮아짐으로 자신들과 함께하고, 사랑과 섬김으로 자신들을 보호하고 인도하는 목자가 되어 달라고 말합니다.

우리가 이 땅에서 사는 동안 만나는 모든 방황은 참된 목자를 만나지 못했기 때문에 겪는 것입니다. 그래서 우리에게는 참된 목자가 절실히 필요합니다. 우리의 자리까지 낮아져서 우리의 모든 고통과 슬픔을 이해하는 목자가 필요합니다. 섬김으로 우리를 돌보고 보호해 주는 목자, 양 떼를 지키기 위하여 기꺼이 수고와 인내를 감내하며 양을 위해서라면 자기 목숨도 내어 놓는 그런 사랑의 목자인 왕이 우리에게 절실히 필요합니다.

이제 다윗이 이스라엘 왕이 되었습니다. 그리고 그는 매우 중요한 두 가지 일을 행합니다.

그가 첫 번째 행한 일은 수도를 예루살렘으로 옮긴 것이었습니다. 예루살렘은 지리적으로 이스라엘 중앙에 있습니다. 이스라엘에게는 아브라함 때부터 매우 중요한 땅이었습니다. 그러나 여부스 사람들에게 빼앗겼고, 여호수아와 사사 시대, 그리고 사울 시대를 지나면서도 그 땅을 회복하지 못하고 있었습니다(수 15:63).

그러나 다윗은 여부스 사람들을 물리치고, 예루살렘을 회복하여 이스라엘의 수도로 삼습니다. 이는 단순히 헤브론에서 북쪽으로 영토를 확장해 간다는 의미가 아닙니다. '새로운 수도'를 세웠다는 것은 나라를 새로 세운 것이며, 새로운 역사를 시작했다는 의미입니다.

사실 예루살렘은 이스라엘 실패의 증거였습니다. 그들이 여호수아 때 완전히 회복하지 못하고 포기했던 부끄러운 과거의 기록입니다. 조상 때부터 매우 중요하게 여기던 땅을 온전히 지키지 못했던 실패의 역사입니다. 그런데 다윗은 이 땅을 회복함으로 과거의 실패, 패배, 포기를 털어 버리고, 새로운 역사를 시작합니다.

때로는 우리 과거가 우리를 좌절과 자포자기, 냉소에 빠뜨리기도 합니다. 새로운 시대로, 앞으로 전진해야 하는데, 과거의 실패와 실수가 우리의 걸음을 막아서기도 합니다. 그러므로 우리에게도 과거의 실패와 좌절은 끊어 내고, 새로운 은혜의 시대로, 새로운 역사로 우리를 이끌어 갈 왕이 필요합니다.

다윗이 이스라엘 왕으로서 행한 두 번째 일은 블레셋과의 전쟁입니다. 블레셋과의 전쟁은 항상 있던 일입니다. 그런데 사무엘하 5장은 단순히 전쟁에서 이겼다, 졌다라고 전쟁의 결과를 기록하지 않습니다.

거기서 블레셋 사람들이 그들의 우상을 버렸으므로 다윗과 그의 부하들이 치우니라 _삼하 5:21

이스라엘은 블레셋과의 전쟁에서 패배하여 언약궤를 빼앗긴 적이 있습니다(삼상 4장). 그들은 하나님의 언약궤를 그들이 믿는 우상 아래에 두었습니다. 이를 통해 그들은 하나님의 패배와 우상의 승리를 주장하려 했습니다.

그러나 이제는 완전한 역전이 일어났습니다. 단순히 전쟁에서 승리한 것이 아니라 블레셋 사람들 스스로 자신들의 우상을 버렸습니다. 우상은 참된 신이 아니요, 오직 여호와 하나님만이 참되고 유일한 하나님이시라는 사실이 증거되었습니다.

블레셋은 이스라엘의 오랜 원수입니다. 우상은 이스라엘의 마음을 빼앗아 하나님께로 향하지 못하게 했고, 하나님으로부터 돌아서게 하며, 심지어 하나님을 떠나게 하는 또 하나의 강력한 원수입니다.

다윗은 이 모든 원수를 물리쳤습니다. 원수를 물리쳐 승리를 가져왔고, 우상을 멸하여 하나님이 하나님이시라는 사실을 증거했으며, 모든 이스라엘 사람들로 하여금 하나님만을 섬기도록 이끌었습니다.

우리에게도 이런 왕이 필요합니다. 오늘 우리를 넘어뜨리는 수많은 원수들의 공격이 있습니다. 지금도 세상은 가혹한 공격과 핍박으로, 때로는 달콤한 유혹으로 우리 믿음을 무너뜨리려 합니다. 지금도 너무나 많은 우상들이 우리 안에 하나님의 자리를 빼앗고, 하나님이 아닌데 하나님처럼 우리를 다스리며 마음을 장악하고 있습니다.

우리는 이 원수들과 싸워야 합니다. 그러나 이 싸움이 얼마나 힘들고 어려운지 모릅니다. 우리 힘으로는 이 원수들을 물리칠 수가 없습니다. 그래서 우리는 넘어지고, 실패하고, 패배합니다. 죄의 유혹에 넘어가고, 우상에게 마음을 뺏깁니다.

우리에게 필요한 왕은 이 모든 원수를 물리치는 왕입니다. 죄와 유혹의 원수를 물리치고, 모든 우상을 무너뜨려 오직 하나님만이 하나님이심을 증거하며, 우리를 영원한 영광과 승리로 이끌 왕이 필요합니다. 우리에게는 정말로 왕이 필요합니다. 사랑을 갈구하지만 참된 사랑을 받지 못하는 우리의 슬픔을 위로해 줄, 참으로 우리 남편이며 신랑이신 왕이 필요합니다. 겸손히 우리와 같아지시고, 섬김으로 우리를 이끌고 보호하시는 목자와 같은 왕이 필요합니다. 고통스럽고 수치스러운 과거를 끊고 새로운 시대를 열어 줄 왕이 필요합니다. 모든 원수를 물리치고 우상을 무너뜨리며 우리에게 하나님의 영광을 보여 주고 그 영광을 누리게 할 왕이 필요합니다. 우리에게는 정말로 이런 왕이 필요합니다!

그런데 그 왕이 우리에게 오셨습니다. 인간 다윗이 아니라 영원하고 완전한 하나님이신 왕이 우리에게 오셨습니다. 다윗도 그 왕을 간절히 소망하며 바라보았습니다.

예수님이 우리 왕이십니다. 예수님은 우리 신랑이십니다. 성경은 교회를 주님의 신부로, 주님을 교회의 신랑으로 설명합니다. 주님은 참으로 우리의 남편이 되셔서 자기 자신과 같이 우리를 사랑하시고, 우리를 위하여 자기 목숨을 내어 놓으시며, 변함없는 사랑으로 우리를 사랑하십니다.

예수님이 우리의 목자이십니다.

나는 선한 목자라 선한 목자는 양들을 위하여 목숨을 버리거니와
_요 10:11

그분은 죽기까지 낮아지셨고, 종의 자리에서 우리를 섬기셨으며, 말씀과 성령으로 우리를 가르치시고 인도하시며 평안하게 하십니다.

예수님이 우리에게 새로운 시대를 시작하게 하십니다. 과거에 발목이 잡혀 앞으로 나아가지 못하는 우리의 좌절을 그분이 끊어 내십니다. 고통스럽고 비참하고 부끄러운 모든 기억들과 사건들까지도 성령으로 새롭게 하시며, 주님 안에서 회개하는 모든 심령들에게 힘을 주셔서 새로운 걸음을 걷게 하십니다. 원수의 모든 공격과 우상 숭배의 모든 비참함에서 우리를 건져 주십니다. 그분이 우리를 승리하게 하시며 영광 가운데로 나아가게 하십니다.

예수 그리스도만이 우리 왕이십니다. 그분의 통치와 다스림과 섬김과 보호와 인도와 은혜와 자비와 긍휼만이 우리를

살립니다. 우리의 참 사랑이며, 소망이며, 위로이며, 영광이며 승리입니다. 그 안에서 비로소 우리가 살아갈 수 있습니다.

　어떤 분이 제게 "당신 설교의 목적은 무엇입니까? 설교를 통해 어떤 열매를 맺고 싶습니까? 무엇을 기대합니까?"라고 질문한 적이 있습니다. 제 대답은 "성도들이 잘 사는 것"이었습니다. 저는 정말 성도님들이 잘 사시면 좋겠습니다. 그리고 잘 사는 비결은 왕에게 있습니다. 누구의 통치와 인도와 보호를 받느냐가 결국 우리 인생을 결정합니다.

　세상이 아닌, 사람이 아닌, 자기 자신이 아닌, 영원하고 완전한 왕이신 예수 그리스도를 바라보십시오. 지금도 주님의 말씀과 성령으로 다스리시는 주님 안에 거하십시오. 그때 이 모든 은혜를 누리게 될 것입니다.

07 '블레셋의 새 수레'가 아닌 '레위인의 어깨'

삼하 6:12-15

사무엘하 6장 전반부에는 하나님의 말씀에 대한 사람들의 불순종과 이에 대한 하나님의 심판이, 후반부에는 하나님의 은혜에 대한 감사와 온 마음과 힘을 다한 찬양이 기록되어 있습니다.

사람들이 최고의 것으로 하나님을 섬긴다고 했지만 최악의 결과를 낳았습니다. 그런데 하나님께서 그 최악의 상황을 다시 최고의 영광과 기쁨으로 변화시키십니다. 인간의 실수와 실패, 그 실패와 실수마저도 당신의 영광을 위하여 사용하시고, 이를 통해 사람들에게 복을 주시는 하나님의 은혜를 본문을 통해 확인할 수 있습니다.

하나님의 거룩한 언약궤가 블레셋과의 전쟁 이후(삼상 6장), 바알레유다, 곧 기럇여아림에 70년 동안 보관되고 있었습니다. 다윗은 그 언약궤를 예루살렘, 곧 이스라엘의 중심으로 옮겨 옵니다(삼하 6:2). 그런데 언약궤를 새 수레에 실어서 옮기는 중(삼하 6:3)에 수레를 끌던 소들이 뛰어 언약궤가 떨어질 뻔합니다. 그때 앞에서 수레를 이끌던 웃사가 언약궤를 손으로 잡고(삼하 6:6), 이로 말미암아 하나님께서 웃사를 치심으로 웃사가 죽게 됩니다(삼하 6:7-8).

이스라엘 사람들이 언약궤를 옮긴 방식은 그 자체로 심각하게 율법을 위반한 죄입니다.

진영을 떠날 때에 아론과 그의 아들들이 성소와 성소의 모든 기구 덮는 일을 마치거든 고핫 자손들이 와서 멜 것이니라 그러나 성물은 만지지 말라 그들이 죽으리라 회막 물건 중에서 이것들은 고핫 자손이 멜 것이며 _민 4:15

하나님의 언약궤는 반드시 레위 지파 중 고핫 자손들이, 언약궤 네 귀퉁이의 고리에 막대를 끼워 어깨에 메서 옮겨야 하고, 어느 누구도 언약궤를 만져서는 안 됩니다. 그런데 지금 다윗은 하나님의 언약궤를 소가 끄는 새 수레에 실어 옮겼고, 웃사는 언약궤에 손을 댔습니다. 율법을 위반했습니다.

하나님의 언약궤를 옮기는 일은 하나님의 일입니다. 하나님의 일은 하나님의 법대로 시행되어 합니다. 그러나 다윗과 신하들은 가장 분명하고 확실한 '하나님의 일'을 하면서도 하나님의 법을 따르지 않았습니다. 그리고 하나님께서는 그러한 모든 일련의 과정에 대하여 매우 엄하게 진노하셨습니다.

그런데 이 모든 일의 배경을 살펴보면, 이 모든 일들이 우연히 일어나지 않았음을 알 수 있습니다.

> 다윗이 천부장과 백부장 곧 모든 지휘관과 더불어 의논하고 _대상 13:1

다윗이 하나님의 언약궤를 옮기는 문제를 여러 사람과 상의했습니다. 그런데 그 상의를 하는 대상이 천부장, 백부장, 곧 군대의 지휘관들입니다. 이미 말씀드렸듯이, 언약궤를 옮기는 일은 하나님의 일입니다. 하나님께서는 이 일을 레위인들만 해야 한다고 율법으로 정하셨습니다.

그러나 다윗은 레위인, 제사장, 율법 교사들이 아니라 그의 충신들, 군대 장관들과 이 일을 상의했습니다.

> 다윗이 이스라엘의 온 회중에게 이르되 만일 너희가 좋게 여기고 또 우리의 하나님 여호와께로 말미암았으면 우리가 이스라엘 온 땅에 남아 있는 우리 형제와 또 초원이 딸린 성읍에 사는 제사장

과 레위 사람에게 전령을 보내 그들을 우리에게로 모이게 하고 _

대상 13:2

다윗이 이제 온 회중에게 물어 여론을 수렴합니다. "만일 너희가 좋게 여긴다면 언약궤를 가져오겠다." 순서가 중요합니다. 다윗은 하나님의 뜻보다 회중의 의사를 먼저 물어보고 있습니다.

못 백성의 눈이 이 일을 좋게 여기므로 온 회중이 그대로 행하겠다 한지라 _대상 13:4

그리고 다윗은 모든 백성들이 이를 좋게 여겼기 때문에, 자신의 의견에 동의하고 마음에 들어 했기 때문에 이를 실행했습니다.

이 모든 과정들은 매우 합리적이고 효율적이고 민주적입니다. 백성들의 의견을 묻고, 그들의 동의를 얻은 후에 충성된 신하들을 통하여 일을 시행합니다.

그런데 여기에서 단 하나가 빠져 있습니다. 그리고 그 하나가 이 모든 일의 성격을 결정했습니다. 그들은 하나님 뜻을 구하지 않았습니다. 하나님을 소외시켰습니다.

사무엘상부터 이 본문에 이르기까지, 다윗의 인생을 결정하는 매우 중요한 원리가 하나 있습니다. 바로 '하나님께 여쭙는 것'입니다. 그는 모든 일을 행할 때 중요한 일일수록 더욱 하나님께 여쭈며 하나님 뜻을 구하였습니다. 그때에 하나님께서는 그에게 복을 주셨고 그를 선하게 인도하셨습니다. 그런데 사무엘하 6장에서는 너무나 중요한 하나님의 일을 하면서도 다윗은 하나님께 여쭙지 않습니다. 도리어 하나님은 사람들보다 뒤로 밀려나 버리셨습니다.

다윗은 이 행렬을 시작하며 무려 삼만 명의 군대를 다시 모읍니다(삼하 6:1). 블레셋과 전쟁을 마친 지 얼마 되지 않을 때였습니다. 승리하였지만 큰 전투로 말미암아 군사들은 지쳐 있습니다. 그럼에도 불구하고 다윗은 또다시 삼만 명을 모읍니다. 어마어마한 인원을 동원한 것입니다(삼하 6:2).

'3만'은 언약궤를 옮기기 위한 사람의 수가 아닙니다. 다윗은 3만의 군사가 가지는 위용을 자랑하고 싶었습니다. 그러나 3만의 군사가 가지는 위용이 하나님의 위엄과 권세는 아닙니다. 다윗은 하나님의 능력보다 자기 군사의 힘을 더 자랑하고자 했습니다.

그들이 하나님의 언약궤를 '새 수레'에 실어 옮깁니다(삼하 6:3). '새 수레'는 지금으로 치면 최고급 승용차입니다. 수레,

달구지, 리어카가 아닙니다. 안전하고 편안하게, 그리고 흔들림 없이 언약궤를 운반할 수 있는 최고의 기구, 가장 좋은 운송 수단입니다.

그런데 하나님의 언약궤가 이 '새 수레'에 실린 것은 이번이 처음이 아닙니다. 이 언약궤가 블레셋에서 기럇여아림으로 올 때 새 수레에 실려서 왔습니다. 이스라엘이 블레셋과의 전쟁에서 대패했습니다. 그리고 블레셋이 하나님의 언약궤를 빼앗아 갑니다. 이로 말미암아 블레셋에 큰 심판의 재앙이 임하고 블레셋 사람들이 이 언약궤를 이스라엘 사람들에게로 돌려보냅니다. 그때 블레셋 사람들이 이 언약궤를 '소가 끄는 새 수레'에 실어 보냈습니다(삼상 6:7). 여러 가지 이유가 있었지만, 중요한 이유 중 하나는 '소가 끄는 새 수레'는 블레셋 사람들이 보기에 가장 좋은, 가장 아름답고 영광스럽고 권위 있는 이동 수단이었기 때문입니다.

소가 끄는 새 수레를 타고 온 언약궤를, 다윗은 또다시 똑같은 방식으로 옮기고 있습니다. 다윗이 블레셋의 사고방식을 받아들인 것입니다. 블레셋 사람들이 최고로 여기는 '새 수레'를 다윗도 최고로 여긴 것입니다. 그러나 아무리 '새 수레'가 좋아도, 이는 블레셋이 하나님의 언약궤를 대하는 방식이지, 결코 하나님의 방식이 아닙니다. 하나님의 뜻이 아닙니다.

하나님께 가장 좋은 것을 드려야 합니다. 그런데 그 가장 좋은 것은 하나님께서 결정하십니다. 블레셋의 가장 좋은 것이 하나님께 가장 좋은 것이 아닙니다. 사람이 보기에 가장 아름다운 것이 하나님 보시기에도 가장 아름다운 것이 아닐 수 있습니다. 가장 좋은 것은, 가장 아름다운 것은 하나님께서 당신의 말씀으로 결정하십니다. 하나님 뜻에 부합하여 드리는 것이 가장 좋은 것으로 하나님께 드리는 것입니다.

이를 통해 다윗이 이루고자 한 것이 무엇일까요? 이를 통해 다윗은 무엇을 드러내려고 하는 것일까요? 어마어마한 행렬이 '언약궤가 실린 새 수레'를 따릅니다. 다윗과 많은 사람들이 온갖 악기를 동원하여 큰 소리를 냈습니다(삼하 6:5). 3만의 군대가 뒤를 따릅니다. 어떤 왕의 행차보다도 화려하고 웅장하며 즐거움이 넘치는 행차였을 것입니다.

다윗은 이 모든 것을 통하여 자신을 증명하려 했습니다. 자신의 왕위, 자신의 권력, 자기 군대의 위력, 자기 왕권의 정당성을 증명합니다. 여전히 자신에게 도전하는 블레셋을 향하여 자기 힘을 과시합니다. 아직도 다윗의 왕권을 의심하는 이스라엘 사람들을 향하여 자신의 정당성을, 그리고 언약궤를 자신이 관리한다는 것을 보여 줌으로써 자기 왕권의 종교적인 정당성을 사람들에게 증명합니다.

웃사 역시 자신을 증명하려 했습니다. 언약궤에 대한 하나님의 명령보다 자신이 지금까지 이 언약궤를 이렇게 가까이에서 돌보며 지키고 있었음을 사람들 앞에 드러내 보이며 자신을 나타내려 했습니다.

신앙생활의 목적은 자기 증명이 아닙니다. 우리는 자기 자신을 증명하기 위해 신앙생활하는 것이 아닙니다. 우리는 자기 능력, 실력, 영향력, 자신을 증명하기 위함이 아니라 하나님과 하나님의 말씀을 증거하기 위하여 신앙생활을 하고 예배를 드립니다.

예배도 마찬가지입니다. 예배는 결코 나를 증명하고 나를 드러내는 수단이 될 수 없습니다. 하나님께서 베풀어 주신 그 무한하신 은혜에 감사하여 모자라고 미약하지만, 나를 받아 주시는 그 사랑에 의지하여 하나님께 드리는 감사 제물로서의 삶, 거룩한 산 제사의 삶이 우리의 예배이고 신앙생활입니다.

하나님께서 원하신 것은 하나님을 모르는 사람들의 화려하고 뛰어나며 유용한 최고 기술의 '블레셋의 새 수레'가 아니었습니다. 하나님께서 원하신 것은 흔들리고, 삐걱거리고, 심지어 넘어질 것처럼 위태로워 보이는, 진땀을 흘리며 한 걸음 한 걸음 조심조심 걸어야 하는, 그래서 하나님을 의지할 수밖에 없는, 언약궤를 메고 가는 레위인들의 어깨였습니다(삼하 6:13; 대상 15:15). 하나님께서 원하신 것은 자신의 권력과 부를 자랑하는, 값비싸고 화려한 왕복을 입고 자신을 뽐내는 다윗이 아니라, 겸손하고 소박하여 자신을 낮추는, 베로 만든 에봇을 입고(삼하 6:14), 자신을 왕으로 세우신 하나님 앞에서 아이처럼 뛰놀며 하나님을 기뻐하고 찬양하는 다윗이었습니다(삼하 6:21). 하나님께서 원하신 것은 사람들이 자신들의 기분과 흥에 취하여 온갖 악기로 연주하는 음악이 아니라, 하나님의 법을 따라 하나님께서 행하신 일로 말미암아 하나님을 높이고 하나님께 영광을 올려 드리는 진실한 찬송이었습니다. 하나님께서 원하신 것은 3만의 강력한 군대가 아니라, 하나님께 예배를 드리며, 하나님께 찬양을 드리며, 하나님께서 주시는 은혜의 양식을 함께 나누어 먹는 하나님의 백성들이었습니다(삼하 6:18-19).

하나님께서는 '블레셋의 새 수레'를 통하여 다윗의 권세가 증명되는 것을 원하지 않으셨습니다. 하나님께서는 다윗을 통하여 당신의 영광이 드러나고, 당신께서 행하신 일이 증거되기를 원하셨습니다. 다윗이 하나님의 언약궤를 예루살렘으로 옮기는 것이 아니라 하나님께서 언약궤를 예루살렘으로 옮기시기로 결정하신 것입니다. 다윗과 웃사가 하나님의 언약궤를 보호하는 것이 아니라 하나님께서 다윗과 모든 이스라엘 민족을 보호하고 계신 것이었습니다.

그러므로 우리의 믿음은, 우리의 예배는, 우리 믿음의 삶은 나의 수고와 업적과 기여를 자랑하는 것이 아니라 내가 받은 '은혜'를 증거하는 것이어야 합니다. 그 은혜를 베푸신 하나님께 감사와 영광과 찬송을 올려 드리는 것이 다윗의 의무였고, 저와 당신, 그리고 모든 하나님의 백성들이 해야 할 일입니다. 그리고 그 안에 모든 영광과 복이 있습니다.

다윗은 왕으로서 자신을 증명하려고 했습니다. 그러나 언제나 왕은 하나님이십니다. 천지가 창조된 때에도, 지금도, 온 우주가 마지막 때를 맞이할 그때에도, 그 이후로도 영원히 하나님만 왕이십니다. 만세에 오직 하나님만 영광을 받으실 것입니다.

우리는 누구를 증명하기 위해 예배합니까? 왕이신 하나님입니까, 아니면 나 자신입니까? 우리는 무엇을 중심에 두고 있습니까? 우리는 누구를 섬기며, 무엇을 증명하고, 누구를 위하여 예배를 드리며 믿음을 지키고 있습니까? 무엇으로 주님을 섬기며 예배하고 있습니까? 하나님과 상관없는 블레셋의 새 수레입니까, 아니면 하나님을 섬기는 신자의 어깨입니까?

08 '백향목 궁'이 아닌 '영원한 하나님의 나라'

삼하 7:1-17

하나님의 거룩한 언약궤가 예루살렘으로 들어왔습니다. '언약궤'는 하나님의 임재와 통치의 증거이자 표였습니다. 다윗은 하나님의 언약궤를 둘 곳, 곧 성전을 지으려는 소원과 열심을 품습니다. 하나님을 사랑하고, 하나님의 임재하심과 다스리심을 기뻐하는 다윗에게 이는 당연한 일이었습니다.

"나는 백향목 궁에 살거늘"(2절). 다윗은 백향목으로 지은 굉장히 화려하고 큰 규모를 자랑하는 궁에 살았습니다. 그 당시 모든 나라의 모든 왕이 그러했듯이 왕궁의 규모와 화려함은 왕권의 상징이었습니다. 다윗은 자신의 궁을 보며 하나님의 왕권을 생각했습니다. 그가 보기에 하나님의 언약궤가 놓여 있는 장막은 하나님의 권위와 영광을 드러내기에는 너무나 초라하고 볼품없었습니다. 다윗은 하나님의 권세에 합당한 하나님의 집을 지으려 했습니다. 그리고 선지자 나단조차도 이를 지지했습니다(3절).다윗은 결국 세상 왕들과 같이 '눈에 보이는 건물'을 통하여 하나님의 영광을 드러내려 한 것입니다.

그러나 하나님께서는 이러한 다윗의 소원과 계획을 허락하지 않으셨습니다. 그렇다고 하여, 하나님께서 단순히 다윗의 소원을 거절하신 것만은 아닙니다. 오히려 그 반대입니다. 다윗은 세상의 방식으로 하나님께 영광을 올려 드리려 했습니다. 그 목적이 거룩하고 경건했지만 ,그 수단은 합당하지 않았습니다. 하나님께서는 그 목적만이 아니라 수단도 당신의 뜻에 부합하도록 바꾸어 주셨습니다. 더하여 이를 통해 당신의 계획과 뜻을 함께 이루신 것입니다. 하나님께서는 다윗을 통하여 당신의 일을 이루어 가셨습니다. 하나님께서 다윗에게 성전을 짓는 것보다 더 원하신 세 가지 일을 본문에서 볼 수 있습니다.

첫째, 하나님께서 당신의 백성들과 함께하시는 것이었습니다. 하나님께서는 지금까지 집에 거하지 않으셨고 장막과 성막 안에서 '다녔다'라고 말씀하십니다(6절). 그리고 하나님께서는 이스라엘 자손과 '더불어' 다니셨고, 백향목으로 만든 화려하고 거대한 집을 원한 적이 없다고 말씀하십니다(7절).

성막은 하나님께서 임재하시는 곳입니다. 그러나 하나님께서는 모든 곳에서 당신의 백성들과 함께하셨고, 하나님의 백성들은 모든 곳에서 언제라도 하나님을 만나고 경험하고 그분과 함께할 수 있었으며, 또 하나님께서는 이를 원하셨습니다.

하나님께서는 이스라엘 백성들 가운데 임재하셔서 그들과 함께 걷고 그들을 인도하기를 원하셨습니다. 그래서 한 곳에 고정된 건물로서의 성전이 아니라 이동 가능한 성막에 언약궤를 두셨습니다. 바로 '임마누엘의 하나님', 우리와 함께하시는 하나님이시기 때문입니다.

둘째, 하나님께서 다윗과 백성들을 구원하시고 높이시며, 그들에게 쉼, 곧 참된 안식을 주시는 것이었습니다. 하나님께서 "너와 함께 있어 네 모든 원수를 네 앞에서 멸하였은즉 땅에서 위대한 자들의 이름같이 네 이름을 위대하게 만들어 주겠다"(9절)라고 말씀하십니다. 하나님께서 직접 백성들이 거주할 곳을 정하시고, 악한 자들이 해치지 못하게 하겠다고 하십니다(10절). 하나님께서 모든 원수에게서 백성들을 건지시고, 편히 쉬게 하시겠다고 약속하십니다(11절).

셋째, 하나님께서 다윗을 위하여 직접 집을 지으시는 것(11절)이었습니다. 그 집은 다윗의 후손을 통하여 지어질 것이며, 단순한 집이 아니라 '나라'입니다(12절). 다윗 후손이 하나님의 이름을 위하여 하나님의 집을 지을 것이며, 하나님께서 그 나라의 왕위를 영원히 견고하게 하실 것입니다(13절). 하나님께서 그 왕의 아버지가 되실 것이며, 그 나라를 지키고 돌보실 것입니다(14절).

다윗은 하나님을 위하여 건물을 지으려 했습니다. 그러나 하나님의 뜻은 당신께서 다윗을 위하여 다윗의 집을 지으시고, 다윗 후손을 통하여 영원하고 견고한 왕조와 나라를 세우시는 것이었습니다.

이 다윗 후손은 누구일까요? 이 나라의 정체는 무엇일까요? 가깝게는 다윗을 이어 왕이 된 솔로몬일 수 있습니다. 그러나 솔로몬도, 또 솔로몬을 이어 왕이 된 유다 왕들도 영원하고 완전하며 흔들림이 없는 나라를 이루지 못했습니다. 그들의 왕권은 부패하고 실패했으며, 그 나라 역시 무너져 버렸습니다.

이 나라와 왕은 세상과 다른 왕이며, 세상과 다른 나라입니다. 이 나라는 하나님께서 왕을 택하시고 당신의 이름을 위하여 당신께서 건축하시고 영원히 견고하게 하시는 하나님의 나라입니다. 이 나라의 왕은 다윗 후손으로 나시고 하나님 나라를 이루시며 그 백성들을 구원하시고 다스리실 영원한 왕, 하나님이시며 다윗 후손이신 예수 그리스도이십니다.

하나님께서는 다윗이 손으로 지은, 언젠가는 무너지고 사라질 백향목으로 지은 화려한 건물이 아니라 하나님께서 당신의 백성들과 동행하시고, 당신의 백성들을 구원하시며, 당신께서 직접 지으신 영원하고 완전하며 견고한 당신의 나라와 당신께서 직접 택하신 왕, 예수 그리스도를 세우시겠다고 약속하신 것입니다.

세상은 여전히 '백향목 궁'이 최고라고 믿습니다. 막강한 권력이, 풍부한 재력이, 모두가 우러러보는 명예가 힘이며 능력이라고 믿습니다. 그래서 세상은 끊임없이 자기의 '백향목 궁'을 지으려고 애쓰며, 서로 경쟁하고 시기합니다. 그리고 자기의 백향목 궁이 남의 것보다 더 크면 으스대고 교만하며, 남의 것보다 작으면 열등감에 빠지고 좌절하고 낙심합니다.

그러나 아무리 크고 아름답고 튼튼하게 지어도, 사람 손으로 만든 백향목 궁은 언젠가 무너집니다. 결코 영원할 수 없습니다. 다윗 궁도, 다윗을 이은 솔로몬이 지은 인류 역사상 가장 크고 화려한 건물 중 하나인 솔로몬 왕궁과 성전도 지금은 흔적조차 찾을 수 없습니다.

인류 역사 가운데 존재했던, 세계를 호령하던 제국들 역시 사라졌습니다. 황제들도, 권력자들도, 모두가 무너졌고 죽었습니다. 어느 나라도, 어느 통치자도, 어느 누구도 우리에게 견고하고 안전하며 영원한 구원과 안식과 평안을 주지 못했고, 앞으로도 줄 수 없습니다.

그러나 하나님께서 당신의 손으로 지으신 당신의 나라는 영원히 완전하고, 영원히 견고하며, 그 나라 안에 영원하고 완전한 구원과 안식이 있습니다. 그 나라를 만드신 분이 하나님이시기 때문입니다. 그 나라 왕은 우리를 구원하시는 성자 하나님 예수 그리스도이시기 때문입니다. 그 나라의 권세와 능력은 성령 하나님이시기 때문입니다. 그 나라의 법은 완전한 진리인 하나님의 말씀이기 때문입니다.

하나님께서 세우신 예수 그리스도의 왕권 역시 영원하고 완전하며 견고합니다. 예수님은 한 번도 당신의 백성과 분리되어 백향목 궁에 거하신 적이 없으셨고, 앞으로도 없으실 것입니다. 영원히 당신의 제자들과 함께하겠다고 약속하셨습니다 (마 28:20). 그분은 당신의 백성과 함께하셨고, 가르치셨으며, 구원하셨고, 고치시며 회복시키셨습니다. 그리고 지금도 당신의 백성을 위하여 기도하시며, 성령으로 함께하시고, 말씀으로 다스리십니다.

'교회'가 무엇입니까? 교회가 무엇이기에 우리는 왜 교회에 모였고, 왜 교회가 되었으며, 왜 교회를 섬기고, 왜 교회와 함께 살아갑니까? 하나님께서 만드신 당신의 나라는 눈에 보이지 않고 손에 잡히지 않습니다. 그러나 우리는 그 나라를 경험합니다. 그 나라의 권세와 영광과 복을 우리는 실제로 누리며 살아갑니다.

어떻게 그럴 수 있습니까? 바로 이 교회를 통해서입니다. 이 교회는 하나님 나라 왕이신 예수 그리스도의 몸이기 때문입니다. 예수 그리스도를 구주로 믿어 구원받은 주님의 백성들이 모인 곳이기 때문입니다. 예수님께서 당신의 말씀과 성령으로 당신의 다스림을 실제로 행하시며 이루시는 곳이기 때문입니다. 교회는 이 땅 가운데서 하나님 나라를 드러내고, 하나님 나라의 영광과 통치가 실현되는 거룩하고 영광스러운 하나님의 공동체입니다. 교회는 이 땅 가운데 존재하는 하나님의 집입니다(딤전 3:15).

비록 불완전하고 약해 보인다 해도 교회는 하나님 나라입니다. 교회의 연약함은 교회를 이루는 우리가 약하고 모자라기 때문이지, 이 교회를 다스리시는 주님의 능력과 영광과 통치가 부족해서가 아닙니다.

그러므로 어느 누구도 이 교회를 무너뜨릴 수 없습니다. 그 무엇도 이 교회를 흔들 수 없습니다. 하나님 나라요, 영원한 왕이신 예수 그리스도께서 다스리시고 지금도 당신의 말씀과 성령의 능력이 역사하는 이 교회를 누가 무너뜨릴 수 있습니까? '백향목으로 지은 궁'은 무너져도 주님의 교회는 결코 무너지지 않습니다.

참으로 많은 어려움이 교회와 우리를 향해 덮쳐 옵니다. 교회는 오랫동안 진리를 보수하고, 하나님 나라의 확장과 부흥을 위하여 싸워 왔습니다. 그러나 오늘을 사는 우리는 전혀 새로운 어려움을 겪고 있습니다. 바로 '코로나19'라는 전염병입니다. 이 병은 단순히 건강의 문제로 끝나지 않았습니다.

이제는 교회의 정체성과 본질을 향한 도전이 되었습니다. 예배에 대한 전통적인 믿음과 교훈이 도전을 받고, 교회 공동체와 성도의 교제에 대한 성경적 신앙 고백과 활동이 어려움을 겪는 그런 시대를 살아가고 있습니다. 선한 계획과 준비가 멈추고 미루어지는 시간이 너무 많이 길어지고 있습니다. 조금 나아지는 듯하여 기대를 품었지만, 상황은 더 나빠졌고 우리의 기대와 소망은 또 다시 낙심으로 바뀌었습니다.

지금 당장은 우리 눈에 보이는 '백향목 궁'이 없어 실망스럽고 실패한 것처럼 보일 수 있습니다. 그래서 세상도 교회를 무시하고 비웃고 공격합니다. 그들이 보기에는 보잘것없을 수도 있습니다. 그러나 우리는, 교회는 영원하고 완전한 하나님 나라입니다. 우리의 왕은, 교회의 왕은 영원하신 예수 그리스도이십니다.

그러므로 우리는 또다시 소망을 품어야 합니다. 소망을 품을 수밖에 없습니다. 우리 힘은 저 화려하고 웅장한 백향목 궁에 있지 않습니다. 권력과 돈과 명예가 우리의 힘이 아닙니다. 우리의 힘은 영원하고 완전하시며 견고하신 하나님 나라에 있습니다. 우리의 영원한 왕이신 예수 그리스도의 다스림 안에 있으며, 성령의 역사 안에 있습니다.

다윗의 찬송에 귀를 기울이십시오. 다윗은 백향목 궁 때문에 찬양하는 것이 아니라, 하나님을 기뻐하며 하나님께 찬양을 드립니다. 자신이 하나님의 백성이며, 하나님이 우리의 왕이시라는 사실로 말미암아 소망을 품고 기뻐하며 찬송합니다.

우리도 찬송합시다. 우리도 주님과 함께 나아갑시다. 우리는 모두가 한 하나님 나라에 속하며, 한 주님의 다스림을 받고, 한 성령의 능력으로 연결되어 한 주님의 말씀을 받고, 한 마음으로 하나님께 예배드리는 한 교회이기 때문입니다. 백향목이 아닌 하나님의 능력이 우리를 지키고, 묶고, 교회 되게 하기에 우리는 흔들리지 않을 것입니다. 다시 회복될 것이며, 이전보다 더욱 영광 가운데 부흥할 것입니다. 그 소망으로 함께 나아갑시다. 그 소망을 붙잡고 함께 믿음으로 나아갑시다.

09 여호와께서 이기게 하셨더라
삼하 8:11-18

사무엘하 1-8장은 사무엘하 1부라고 할 수 있습니다. 다윗이 왕이 되었고, 이스라엘은 다윗을 통하여 부강해졌다는 사실을 기록함으로 사무엘하 1부가 정리됩니다.

다윗이 왕이 되었다는 사실은 여러 의미를 가집니다. 먼저 다윗 개인과 관련해서는 하나님께서 주신 약속과 비전이 마침내 이루어졌습니다. 많은 어려움과 방해가 있었지만 다윗을 왕으로 세우시겠다는 하나님의 뜻은 결국 이루어졌습니다. 이스라엘은 이제야 비로소 합당한 왕을 가지게 되었고, 나라가 안정과 발전을 도모하게 되었습니다. 밖으로는 전쟁이, 안으로는 갈등과 분열이 끊이지 않던 이스라엘은 다윗이 왕이 됨으로써 이러한 혼란들을 정리할 수 있었습니다.

가장 중요한 것은 이스라엘이 자신들의 정체성을 회복했다는 점입니다. 이스라엘은 출애굽 이후 다윗이 왕이 될 때까지 무려 400년이 넘는 시간 동안 하나님께서 택하신 민족이며 나라라는 정체성을 제대로 지키지 못했습니다. 특히, 사사 시대의 극심한 혼란을 지나며 그들은 이방인과 섞이고 우상을 섬기며, 하나님이 왕이시라는 사실조차 잊은 채로 각기 자기 소견에 옳은 대로 살아왔습니다.

다윗이 왕이 되면서 예루살렘이 수도로 세워지고, 하나님의 언약궤가 예루살렘에 자리를 잡았습니다. 이를 통해 하나님께 드리는 예배가 회복되었으며, 하나님께서 그들 가운데 임재하시며 다스리시는 하나님 나라라는 이스라엘의 정체성이 회복되었습니다. 이제야 '하나님의 자녀요 나라'라는 영광과 권세를 누리기 시작한 것입니다. 이 영광과 권세는 두 가지의 모습으로 열매를 맺었고 증명되었습니다.

첫째, 이스라엘의 외적인 변화입니다. 이스라엘은 주변 모든 나라들을 모두 쳐서 정복하고 다스립니다(12-13절). 심지어 가나안 지방 너머까지 그 영향력을 확장해 갑니다(삼하 8:3). 이제 이스라엘은 변방의 작은 나라가 아닙니다. 하나님께서 다윗이 어디로 가든지 이기게 하셨기 때문입니다(삼하 8:6, 14). 그러므로 만약 다윗이 하나님을 떠난다면 이 승리와 영광도 함께 잃어버릴 것입니다. 다윗은 이를 기억해야 했고, 반드시 자신의 후손들에게 이 사실을 함께 알려 줘야 했습니다.

둘째, 이스라엘의 내적인 변화입니다. 다윗은 정의와 공의로 나라와 민족을 다스렸습니다(15절). 공의는 하나님의 뜻이 하나님의 백성들에게서 실현되는 것을 말합니다. 그러므로 '공의'에는 하나님께서 당신 뜻에 순종하는 자들에게 주시는 복과 불순종하는 자들에게 내리시는 심판이 담겨 있습니다. 정의는 그 공의의 결과이자 열매입니다. 하나님의 공의가 드러나면, 하나님의 백성들은 정의를 행합니다. 하나님의 공의는 정의로운 사회와 개인을 낳습니다.

이스라엘은 지금까지 공의의 다스림을 받지 못했고 정의의 열매를 맺지 못했습니다. 왕이 없을 때는 자기 소견에 옳은 대로 행하여 공의를 무시하고 정의를 행하지 않았습니다. 사울이 왕이었을 때는 공의와 정의가 왜곡되었습니다. 그러나 이제 하나님 뜻에 합한 자 다윗이 왕이 되었고 하나님의 통치가 회복되었습니다. 하나님의 '공의'가 백성들에게 선포되었으며, 그 말씀과 명령에 순종함으로 백성들은 '정의'를 행했습니다. 이스라엘은 이제야 참으로 하나님의 나라이며 백성으로서의 영광과 정체성을 안팎으로 드러내기 시작했습니다.

그러나 우리는 이 왕위와 나라의 결말을 이미 알고 있습니다. 다윗 자신이 노년에 하나님 뜻에 불순종하여 범죄했습니다. 다윗 후손들이 이어서 왕이 되지만, 그들은 하나님을 버리고 우상을 섬기며 나라와 백성들을 바르게 이끌지 않았습니다. 백성들도 왕들과 같은 죄악의 길로 나아갔습니다. 나라는 쪼개졌고, 모두 부패하고 타락했으며, 결국 이방의 공격으로 멸망했습니다.

다윗 왕조는 실패했고, 이스라엘은 멸망했습니다. 그렇다면 하나님의 약속도 무위로 돌아간 것입니까? 다윗의 씨를 통하여 영원히 견고한 나라를 세우시겠다고 하신 하나님의 약속은 헛된 것입니까(삼하 7:12, 16)? 하나님께서 지키시지도 못할 약속을 하신 것입니까? 아닙니다. 하나님은 신실하셔서 그 약속을 반드시 이루십니다. 다윗과 이스라엘이 실패한 것이지 하나님께서 실패하신 것이 아닙니다. 다윗과 이스라엘은 그 약속을 잊었지만, 하나님께서는 그 약속을 잊지 않으셨습니다.

다윗의 왕좌는 하나님께서 앞으로 이루실 영원하고 완전한 왕의 예표였습니다. 이스라엘도 하나님께서 영원하고 완전한 왕을 통하여 이루실 하나님 나라의 예표였습니다. 다윗이 예표한 왕, 영원한 왕위로 하나님 나라를 세우고 다스릴 왕은 바로 예수 그리스도이십니다. 예수 그리스도가 영원하고 완전한 왕이시며, 그분이 세우시고 다스릴 나라가 영원하고 완전한 하나님 나라입니다. 다윗의 왕좌는 사라지고 이스라엘은 무너졌지만, 예수 그리스도의 왕권과 그분의 나라에는 영원한 영광과 권세와 부와 존귀가 있습니다.

사무엘하 1장부터 8장까지, 사실은 하나의 교훈입니다. 하나님께서 다윗을 통하여 영원하고 완전한 왕이신 예수 그리스도를 미리 보여 주셨고, 예수 그리스도로 말미암아 하나님 나라가 이루어질 것이며, 그 나라에 속한 백성들이 하나님의 복을 누릴 것입니다. 결국 이 교훈을 계속 반복한 것입니다. 왜냐하면 예수 그리스도의 왕권과 그분의 나라가 가지는 권세와 부와 존귀가 우리와 상관없는 것이 아니라 우리에게 직접적인 영향을 주기 때문입니다. 실제로 우리의 삶을 강하게 하고, 영광스럽게 하며, 존귀하게 하는 하나님의 은혜이기 때문입니다. 그 은혜를 우리 모두가 실제로 누리기를 하나님께서 원하시기 때문입니다.

우리의 삶은 무수한 싸움의 연속입니다. 우리를 공격하는 강력한 원수가 셋 있습니다. 사탄과 세상과 우리의 육신입니다. 사탄은 지금도 막강한 능력으로 우리를 공격합니다. 세상은 우리를 넘어뜨리려 유혹하고 고통을 가합니다. 여전히 연약하고 죄의 본성이 남아 있는 우리 육신은 그 정욕을 이기지 못하고, 사탄의 공격에 쓰러지고 세상의 유혹에 넘어집니다.

그 공격이 너무나 강력합니다. 우리 힘으로는 도저히 이길 수가 없습니다. 그러나 다윗의 승리는 다윗의 승리가 아니라 하나님께서 주신 승리였듯이, 예수 그리스도께서 모든 원수를 물리치셨고 그 승리의 영광을 당신의 백성들에게 주셨습니다. 사탄이 아무리 공중 권세를 총동원하여 공격해도, 세상이 모든 부와 명예와 쾌락으로 우리를 유혹해도, 심지어 내 육신의 정욕이 나를 삼켜도, 그 모든 공격은 예수 그리스도 앞에서 힘을 잃어버립니다. 그 어떤 것도 예수 그리스도보다 강할 수 없습니다.

예수님은 다윗과 같이 하나님께서 세우신 왕이신 동시에, 그분 자신이 삼위일체 하나님이시기 때문입니다. 그분이 하나님의 영광이며, 본체이시고, 그분이 하나님의 능력이시기 때문입니다(히 1:3).

예수 그리스도 안에 모든 능력과 권세가 있습니다. 그러므로 예수 안에 있는 모든 자는 모든 원수의 공격을 이겨 낼 수 있습니다. 우리도 사탄을 물리칠 수 있습니다. 세상의 유혹을 극복할 수 있습니다. 우리 육신을 쳐서 주님의 말씀 앞에 굴복시켜 주님의 뜻을 따라 살아갈 수 있습니다. 주님께서 말씀으로 다스리시고, 성령으로 힘을 주시기 때문입니다.

원수와 맞서 싸우십시오. 믿음의 싸움을 포기하지 마십시오. 해도 안 될 것이라는 패배감과 자포자기의 유혹에 속지 마십시오. 싸우지 않으면 승리의 영광도 없습니다. 주님의 말씀과 성령의 능력으로 죄와 맞서십시오. 사탄의 공격에 맞서시고, 세상의 유혹을 뿌리치십시오. 우리 안에 남아 있는 죄악의 끈질긴 습성들을 뽑아내십시오. 거룩한 일을 위하여 결단하시고 시작하십시오. 주님께서 우리를 위하여 이미 싸우셨고, 이기셨으며, 그 싸움을 시작하는 자들에게 그 승리를 주실 것입니다. 믿음의 싸움은 그 승리의 영광을 우리에게 주시려는 하나님 은혜의 초청입니다. 예수 그리스도로 말미암아 우리는 이미 이겼습니다. 그 승리를 누리십시오. 그러한 우리를 통해 주님께서는 하나님의 공의와 정의를 이루십니다.

말씀이신 주님께서 당신의 말씀으로 우리를 다스리시며, 하나님의 공의를 선포하시고 행하십니다. 주님께서 성령을 부으셔서 우리로 하여금 주님의 말씀에 순종하게 하시고, 이를 통하여 하나님께서 기뻐하시는 공의를 이루며, 우리 삶 가운데 정의를 행하게 하십니다.

우리 원수들은 하나님의 공의를 방해하고, 정의를 무너뜨리려 합니다. 세상은 하나님의 공의를 싫어합니다. 하나님 말씀에 귀를 기울이지 않습니다. 하나님의 심판을 인정하지 않고, 자신의 욕망과 세상의 흐름에 따라 살아갑니다. 세상은 정의를 행하지 않습니다. 하나님 말씀에 순종하는 정의를 조롱합니다. 저마다 자신의 기준으로 정의를 말하고, 심지어는 악을 행하면서도 그것이 정의라고 말합니다.

그렇게 세상은 썩어져 가고 어두워져 갑니다. 우리의 가장 강력한 원수인 사탄과 세상은 그렇게 세상 사람들을 죄와 저주로 이끌어 가고, 여전히 죄의 지배를 받는 육신은 죄를 거부하기보다는 즐거워하며 영원한 사망의 심판으로 나아갑니다.

이러한 세상 속에서 누가 공의를 행하고 정의를 이룰 수가 있겠습니까? 어디에 정의가 있고 공의가 있습니까? 오직 예수 그리스도 안에만 공의와 정의가 있습니다. 그러므로 예수 그리스도를 믿는 주님의 백성들은 하나님의 공의와 정의의 증인이며 행하는 자가 되어야 합니다. 이를 통해 세상의 소금과 빛이 되어야 하며, 세상을 변화시키는 존재가 되어야 합니다.

교회와 신자는 무기력한 존재가 아닙니다. 그리스도 안에 세상을 이기는 이김이, 사탄을 물리치는 능력이 있습니다. 그리스도의 몸 된 교회에게, 그리고 그리스도를 구주로 믿는 신자에게 이 모든 것이 주어졌습니다.

우리는 실패해도 주님께서 승리하시기에, 주님의 몸인 교회와 주님께 속한 신자는 결국 승리합니다. 이 사실을 믿고 나아가십시오. 음부의 권세가 결코 교회를 이기지 못합니다(마 16:18). 이 땅에서 무엇이든 매고 푸는 권세를 교회에게 주셨습니다(마 16:19).

지금은 우리가 약해 보일 수 있습니다. 그러나 주님의 나라는 주님의 교회를 통하여 이루어질 것입니다. 그 공의와 정의가 교회를 통하여 실현될 것입니다. 그 능력의 역사가 교회를 통하여 이 땅 가운데 이루어질 것입니다.

다윗은 실패했지만, 마태복음 28장 18-20절의 말씀과 같이, 하늘과 땅의 모든 권세를 가지신 주님께서는 세상 끝 날까지 우리와 항상 함께하심으로 모든 민족을 당신의 제자로 삼으시고 세례를 주시고 당신의 말씀대로 새로운 삶을 사는 부흥의 역사를 이루실 것입니다.

이스라엘은 무너졌지만, 사도행전 1장 8절의 말씀과 같이, 주님의 교회는 성령의 임하심으로 말미암아 권능을 받고, 땅 끝까지 이르러 주님의 공의와 정의를 행함으로 주님의 영광을 드러내는 주님의 증인이 될 것입니다. 교회의 영광이 날이 갈수록 약해지고 무너지는 시대를 살아가고 있습니다. 그러나 교회의 영광은 세상이 주는 것도, 혹은 교회 스스로 얻는 것도 아닙니다. 세상은 늘 교회를 미워하고 공격했습니다.

교회의 영광과 승리는 오직 예수 그리스도에게만 있습니다. 예수 그리스도와 함께할 때, 그분 안에 있을 때, 그분의 다스림을 받을 때, 그분의 말씀과 성령으로 나아갈 때, 교회는 영광과 승리를 누리며 세상을 이기며 나아갑니다.

10

왕자 중 하나처럼

삼하 9:7-13

사무엘하 1-8장은 다윗이 왕이 되기까지의 과정을 숨 가쁘게 기록하고 있고, 사무엘하 9장부터는 이제 왕이 된 다윗, 왕으로서의 다윗 이야기를 기록하고 있습니다.

본문은 다윗이 왕이 되어서 한 일의 첫 번째 기록입니다. 이는 시간 순서상 첫 번째가 아니라 일의 가치에 따른 순서입니다. 이 일은 다윗이 이스라엘 왕으로서, 하나님의 백성들을 다스리고 이끄는, 하나님께서 세우신 왕으로서 했던 가장 우선되고 가장 중요한 일이었습니다.

그것은 '사울의 집에 남은 사람에게 은총, 곧 사랑과 자비와 용서를 베푸는 것'이었습니다(삼하 9:1). '사울의 후손'은 다윗에게 원수의 후손이자 원수이고, 앞으로 원수가 될 가능성이 매우 높은 존재입니다. 사울의 후손은 다윗에게는 물리치고 제거해야 할 정적이었습니다. 그런데 다윗은 그들에게 은총을 베풉니다.

그 은총을 사울의 손자이자 요나단의 아들인 '므비보셋'이 받았습니다. '므비보셋'은 말 그대로 사울의 후손일 뿐만 아니라 '다리 저는 자'였습니다. 이는 그가 가지고 있는 신체적인 특징인 동시에 여러 의미를 지니고 있습니다.

사울의 아들 요나단에게 다리 저는 아들 하나가 있었으니 이름은

므비보셋이라 전에 사울과 요나단이 죽은 소식이 이스르엘에서

올 때에 그의 나이가 다섯 살이었는데 그 유모가 안고 도망할 때

급히 도망하다가 아이가 떨어져 절게 되었더라 _삼하 4:4

그의 장애는 가문의 폐망과 한 왕조의 멸망을 상징합니다. 또한 사울 집안에 내린 하나님 심판의 증거였습니다. 그는 가족을 잃어버린 채로 숨어 지내야 했습니다. 이 모든 비참하고 고통스러운 형편이 '다리 저는 자'라는 말 속에 담겨 있습니다.

그런데 '다리 저는 자'라는 말은 다윗에게도 특별한 의미가 있습니다. 다윗이 예루살렘을 수복하기 위해 전쟁을 할 때, 그 땅을 차지하고 있던 여부스 사람들이 다윗을 조롱했습니다.

네가 결코 이리로 들어오지 못하리라 맹인과 다리 저는 자라도

너를 물리치리라 하니 그들 생각에는 다윗이 이리로 들어오지 못

하리라 함이나 _삼하 5:6

이 말에 다윗이 진노하여 이런 명령을 내립니다.

그날에 다윗이 이르기를 누구든지 여부스 사람을 치거든 물 긷는

데로 올라가서 다윗의 마음에 미워하는 다리 저는 사람과 맹인을

치라 하였으므로 속담이 되어 이르기를 맹인과 다리 저는 사람은

집에 들어오지 못하리라 하더라 _삼하 5:8

다윗에게 '다리 저는 자'는 자신을 향한 모욕이자 조롱이었
습니다. 다윗은 '다리 저는 자'를 보면서 자신을 조롱하던 여
부스 사람들을 떠올렸습니다. 예루살렘성에는 그들이 들어오
지 못하는 문화가 만들어질 정도였습니다. 꼭 이런 이유가 아
니어도 당시는 신체적 장애를 저주나 징벌로 여기던 때였습니
다. 그런데 그러한 므비보셋을 다윗이 받아 주고 나중에는 아
들로 입양하기까지 합니다. 다윗은 결코 쉬운 일을 한 것이 아
닙니다.

다윗이 므비보셋을 받아들인 것은 우선은 요나단과의 약속
때문입니다.

여호와께서 너 다윗의 대적들을 지면에서 다 끊어 버리신 때에도 너는 네 인자함을 내 집에서 영원히 끊어 버리지 말라 하고 _삼상 20:15

다윗은 사울과도 이런 약속을 한 적이 있습니다.

그런즉 너는 내 후손을 끊지 아니하며 내 아버지의 집에서 내 이름을 멸하지 아니할 것을 이제 여호와의 이름으로 내게 맹세하라 하니라 다윗이 사울에게 맹세하매 사울은 집으로 돌아가고 다윗과 그의 사람들은 요새로 올라가니라 _삼상 24:21-22

요나단과 약속한 지 거의 15년이 지났습니다. 사울이 얼마나 다윗을 괴롭혔습니까? 아무도 그 약속을 기억은 고사하고 알지도 못하며, 상황이 바뀌었습니다. 이제 다윗이 왕이고 사울의 세력은 망했습니다. 이 약속을 취소한다고 해서 다윗을 비난할 사람은 없습니다. 오히려 여러 상황과 정황을 따진다면, 이 약속을 취소하고 사울의 후손을 모조리 찾아내 보복하는 것이 합리적입니다. 그러나 다윗은 이 약속을 지킵니다. 왜 그럴까요? 다윗의 선한 양심 때문일까요? 아니면 다윗이 치밀하게 계산한 고도의 정치적 수완일까요? 다윗의 성정은 다리 저는 자와 눈 먼 자를 쫓아내는 것이었습니다.

요나단과의 약속보다 더 중요하고 본질적인 이유가 있습니다. 다윗에게 그 약속은 요나단이나 사울, 곧 사람과 맺은 약속이 아니라 하나님 앞에서 하나님과 맺은 약속이었습니다. 즉, 다윗에게 '므비보셋에게 은총을 베푸는 것'은 요나단과 관련된 일이 아니라 하나님 앞에서 행해야 할, 하나님과 관련된 일이었습니다.

다윗은 자신이 행할 그 '은총'의 정체, 그 은총의 본질이 무엇인지 정확히 알고 있습니다.

> 내가 그 사람에게 하나님의 은총을 베풀고자 하노라 _삼하 9:3

다윗이 베푼 은총의 본질은 '하나님의 은총'이었습니다. 다윗 안에서 일어난 다윗의 은총이 아닙니다. 다윗의 자비, 다윗의 용서가 아닙니다. '하나님의 은총'입니다. 하나님의 자비와 용서와 사랑입니다.

다윗은 자신이 왕이 된 모든 과정, 자신의 인생 전부가 오직 하나님의 은총이라는 사실을 알고 있었습니다.

다윗왕이 여호와 앞에 들어가 앉아서 이르되 주 여호와여 나는

누구이오며 내 집은 무엇이기에 나를 여기까지 이르게 하셨나이

까 _삼하 7:18

다윗은 자신도, 자신의 가문도 하나님 앞에서는 아무것도
아님을 알고 있었습니다. 아무런 자격이 없음에도 불구하고
자신이 왕이 된 것은, 하나님께서 자신의 가문을 통하여 영원
한 나라와 왕권을 약속하신 것은, 오직 하나님의 은총, 은혜라
는 것 역시 알고 있었습니다.

자신이 하나님의 은총을 받은 자이기에 그 은총을 행하는
것뿐이었습니다. 아무 자격도 없는 자신에게 주신 하나님의
은총을 다른 사람에게도, 아무 자격도 조건도 없는 자라 할지
라도, 심지어 그가 원수라고 할지라도 그 은총을 흘려보내는
것입니다.

하나님의 은총을 받은 사람의 가장 분명한 특징은 그 사람
을 통하여 하나님의 은총이 드러나고 다른 사람에게 전해진다
는 것입니다. 그 은혜를 다른 사람에게 흘려보낼 때에 실제로
그 은혜를 경험하게 됩니다.

늘 하나님의 은혜를 갈구하지만 하나님의 은혜를 전혀 깨닫
지도 감사하지도 못하는 사람이 있습니다. 하나님께서는 분명
히 은혜를 주시는데, 오히려 하나님 앞에 불평을 쏟아 내며 모

든 것에 불만을 터트리는 사람들이 있습니다.

왜 그렇습니까? 은혜를 흘려보내지 않기 때문입니다. 오직 자기만족이라는 웅덩이에 은혜의 강물을 가두어만 놓으면, 언젠가는 썩어서 악취가 날 뿐입니다. 생명의 물은 갇혀 있을 때가 아니라 어딘가로 흘러갈 때에 생명력을 발휘합니다. 붙잡고 있을 때가 아니라 나누어 주고 베풀 때 그 은혜가 드러나고, 실제로 그 은혜를 경험하게 되며, 그 은혜는 더 커집니다.

당신은 받은 은혜를 주변으로 흘려보내고 있습니까? 당신을 통하여 당신의 주위 사람들이, 가족이, 친구가 하나님의 은혜를 경험하고 있습니까?

다윗은 하나님의 은총을 받은 자로서 은총을 베풂으로 은총을 누리며, 은총의 사람, 은혜의 사람이 된 것입니다. 그리고 우리는 그 은총의 절정을 보게 됩니다. 바로 입양입니다. 다윗은 므비보셋을 아들로 입양합니다. 단순히 므비보셋을 용서했다, 그를 받아 줬다 정도가 아닙니다.

너는 항상 내 상에서 떡을 먹을지니라 … 므비보셋은 왕자 중 하나처럼 왕의 상에서 먹으니라 … 므비보셋이 항상 왕의 상에서 먹으므로 예루살렘에 사니라 _7, 11, 13절

므비보셋은 더 이상 요단강 동편에서 숨어 살 필요가 없었습니다. 그는 이제 당당하게 예루살렘으로 거주지를 옮겨 옵니다. 왕의 곁에서, 왕자의 자리에서, 왕의 아들로서 아버지의 좋은 것들과 왕자의 권세를 누리며 살아갑니다.

'은총', '은혜'가 무엇입니까? 우리는 '은혜 받았다'라는 말을 많이 합니다. 그런데 진짜 은혜, 진짜 은총이 무엇입니까? 마음에 큰 감동이나 감격을 경험할 때 혹은 나에게 좋은 일, 내가 원하던 일이 이루어졌을 때 우리는 은혜 받았다는 말을 종종합니다. 물론 그러한 일들이 은혜의 한 부분이긴 합니다만, 그것 자체가 은혜는 아닙니다. 오히려 그러한 일들을 은혜라고 믿고 강조하면, 성경이 말하는 진짜 은혜를 잃어버리거나 오해하기 쉬워집니다.

'은혜'는 내 경험이 아니라 하나님께서 우리를 위하여 일하시는 '하나님의 일하심', 곧 '복음'입니다. 은혜는 아무런 자격이 없는 자가 결코 받을 수 없는 무언가를 거저 받는 것입니다. 그러므로 은혜는 '내가 경험하고, 내가 소유하게 된 무엇'을 통해 드러나는 것이 아니라 '하나님과의 관계'를 통해 그 능력을 발휘합니다.

므비보셋은 그 은혜의 절정을 맛보고 있습니다. 그는 다윗의 호의를 받을 만한 어떤 공로와 자격이 없음에도 불구하고 다윗에게 호의 그 이상을 받았습니다. 원수에서 어떤 조건도, 이유도 필요 없는 완전한 사랑의 관계로 바뀌었기 때문입니다. 이제 더 이상 므비보셋은 사울의 후손이 아닙니다. 그는 이제 다윗의 아들입니다. 그는 더 이상 다윗의 눈을 피해 숨어 사는 다윗의 원수가 아닙니다. 그는 이제 다윗의 상에서 다윗의 온갖 좋은 것을 함께하는 아들입니다. 왕자입니다.

그리고 바로 그 은총을, 하나님께서 우리에게도 주셨습니다. 므비보셋이 받은 것과는 비교할 수도 없는 은총을 주셨습니다. 므비보셋에게서 우리의 모습이 보이지 않습니까? 그의 무자격, 실패, 절망, 외로움, 고립, 모든 고통의 모습이 낯설지 않습니다. 우리는 하나님의 자녀가 될 만한 자격이 없습니다. 자녀는 고사하고 하나님 앞에 어떤 호의도 요구할 수 없는, 기대조차 할 수 없는 자들이었습니다. 우리는 원래 하나님의 원수였습니다. 하나님을 미워하는 자였고, 하나님을 거부하는 자였습니다. 죄를 즐거워했고, 세상을 기뻐하는 본질상 진노의 자녀였습니다.

그때에 너희는 그 가운데서 행하여 이 세상 풍조를 따르고 공중의 권세 잡은 자를 따랐으니 곧 지금 불순종의 아들들 가운데서 역사하는 영이라 전에는 우리도 다 그 가운데서 우리 육체의 욕심을 따라 지내며 육체와 마음의 원하는 것을 하여 다른 이들과 같이 본질상 진노의 자녀이었더니 _엡 2:2-3

그런 우리에게 하나님께서 은총을 베푸셨습니다. 다윗이 요나단으로 말미암아 므비보셋을 자신의 아들로 삼은 것처럼, 하나님 아버지께서 예수 그리스도로 말미암아 우리를 하나님의 자녀 삼아 주셨습니다. 이것이 하나님께서 우리에게 주신 은혜의 본 모습입니다.

곧 우리가 원수 되었을 때에 그의 아들의 죽으심으로 말미암아 하나님과 화목하게 되었은즉 화목하게 된 자로서는 더욱 그의 살아나심으로 말미암아 구원을 받을 것이니라 _롬 5:10

그리스도께서 우리를 위하여 죽으셨습니다. 우리의 모든 죄와 저주를 그분이 감당하셨고, 우리가 받아야 할 사망의 심판을 그분이 십자가에서 대신 지셨습니다. 그리고 우리를 하나님의 자녀가 되게 하셨습니다.

곧 창세전에 그리스도 안에서 우리를 택하사 우리로 사랑 안에서 그 앞에 거룩하고 흠이 없게 하시려고 그 기쁘신 뜻대로 우리를

예정하사 예수 그리스도로 말미암아 자기의 아들들이 되게 하셨
으니 _엡 1:4-5

이제 우리는 예수 그리스도 안에서 하나님의 자녀로 입양
되었습니다. 이제 우리는 하나님의 자녀입니다. '자녀 같은
존재'가 아니라 '자녀'입니다. 아들 같은 사람이 아니라 아들
입니다.

더 이상 진노의 자녀도, 하나님의 원수도 아닙니다(롬 8:15).
하나님의 상에서 배불리 먹고 힘을 내며, 하나님의 집에서 안
전히 쉬며 회복되고, 하나님의 자녀들, 곧 하나님 안에 있는
우리의 형제들과 하나님의 집에서 함께함으로 참된 위로와 기
쁨을 누리게 되었습니다. 이제 우리는 어느 누구보다 복된 하
나님의 자녀입니다.

그 유익을 우리 믿음의 조상들은 잘 정리해 주었습니다.

웨스트민스터 대요리문답 74문답

문: 양자 됨은 무엇입니까?

답: 양자 됨은 하나님께서 독생자 예수 그리스도 안에서, 예수 그
리스도 때문에 죄인들에게 값없이 주시는 은혜의 행위입니다. 하
나님께서는 이 은혜의 행위로 말미암아 의롭다 함을 받은 모든

사람을 하나님의 자녀로 받아 주시고, 하나님의 이름을 그들에게
두시며, 하나님의 아들의 영을 그들에게 주십니다. 또 하나님께
서는 그들을 아버지같이 돌보시고 다스리시며, 하나님의 아들들
이 누리는 모든 자유와 특권을 그들에게 허락하시고, 그들을 모
든 약속을 받을 상속자요 그리스도와 함께 영광을 받을 상속자가
되게 하십니다.

요나단의 보증은 잊혔고, 다윗의 자비도 사라졌으며, 므비
보셋의 변화도 실패로 끝났습니다.

그러나 므비보셋이 다윗에게 받은 것과는 비교할 수 없는
은총이 주어졌습니다. 예수 그리스도께서 이 모든 일을 이루
셨고, 성령께서 이 모든 일의 보증이 되셨으며(롬 8:16), 하나님
아버지가 우리의 아버지가 되셨습니다. 삼위일체 하나님께서
행하신 이 입양이 어떻게 취소되며, 흔들리며, 약해질 수 있겠
습니까?

어떤 가문의 어떤 이름도 비교조차 할 수 없는 이름을 주셨
으며, 성령으로 새롭게 하셨고, 정말로 아버지와 같이 돌보시
고 다스리시며, 죄에서 자유를 얻게 하시고, 죄와 세상을 이기
는 특권을 주시며, 영원한 하나님 나라를 기업으로 받을 상속
자가 되게 하셨습니다(롬 8:17).

예수 그리스도를 구주로 믿는 모두는 예수 그리스도 안에서 하나님의 자녀입니다. 우리의 성은, 육체로는 육의 아버지를 따라 이가, 김가, 박가이지만, 하나님 안에서 우리의 성은 모두 하나님 아버지를 따라 하나님입니다.

그러므로 우리에게 닥쳐오는 모든 일들을 우리는 이길 수 있으며 극복할 수 있습니다. 힘을 내셔도 됩니다. 자랑스러워하셔도 됩니다. 담대히 용기를 내십시오. 절망과 두려움 앞에 겁을 내지 마십시오. 시험과 유혹을 떨쳐 내고 일어나십시오. 마음에서 일어나는 미움과 원망을 털어 내고 하나님께서 주신 은혜와 사랑과 자비를 행하십시오.

그 영광스러운 삶이, 예수 그리스도를 믿는 자에게 성령의 능력으로 주어졌습니다. 하나님의 아들이니 하나님의 아들의 권세를 누리시고, 하나님의 아들답게 살아가십시오.

11 그의 아들에게 입 맞추라

삼하 10:18-19; 시 2:1-12

다른 사람에게 베푼 호의와 친절이 때로는 비난과 공격으로 돌아올 때가 있습니다. 참 속상하고 마음 상하는 일입니다. 우리가 이런 어려움을 겪기도 하고, 때로는 우리가 다른 사람들에게 이런 아픔을 주기도 합니다.

다윗에게 이런 일이 일어났습니다. 다윗에게 일어난 일은 개인 간의 감정 문제라기보다는 훨씬 더 큰 문제였습니다. 나라와 나라, 민족과 민족 간의 갈등이었고, 이는 전쟁으로 이어졌습니다.

다윗은 사울의 후손 므비보셋에게 자비를 베풀었습니다. 그리고 이제는 이방인에게 호의를 베풀려고 합니다. 사무엘하 9장 1절에서 므비보셋을 향하여 가졌던 다윗의 마음은 사무엘하 10장 2절에서 똑같이 반복됩니다.

암몬 왕 나하스가 죽고 그의 아들 하눈이 왕위를 계승했습니다(삼하 10:1). 암몬 왕 나하스는 매우 잔인하고 흉포한 왕이었지만, 다윗에게는 친절을 베풀었습니다. 다윗은 조문단을 보냅니다(삼하 10:2). 나하스의 친절에 대한 보답이자 좋은 관계를 유지하고자 하는 의도였습니다.

실제로, 이것은 다윗이 암몬에게 베푼 은총이었습니다. 암몬은 비록 나하스가 다윗에게 친절을 베풀었다고 해도 그들은 너무 오랫동안 이스라엘을 괴롭혔습니다. 게다가 다윗과 그의 군대는 당대 최강이었습니다. 이미 그 이전에 주변 여러 나라가 다윗과의 전쟁에서 패배했고, 다윗이 패권을 잡은 때였습니다. 즉, 다윗이 암몬을 친다고 해도 충분히 이길 수 있었고, 또 그럴 만한 당위성도 있었습니다.

그런 상황에서 다윗이 먼저 암몬에게 손을 내밀어 은총을 베푼 것입니다. 그런데 하눈의 반응은 정반대입니다. 그는 다윗의 은총을 조롱과 모욕, 공격으로 갚습니다. 하눈의 신하들이 다윗이 보낸 조문단을 첩자라고 모함합니다(삼하 10:3). 이를 들은 하눈은 다윗의 조문단을 극도로 모욕하고 돌려보냅니다(삼하 10:4). 이는 신하들만이 아니라 그 신하들을 보낸 다윗과 이스라엘을 모욕한 것입니다. 하눈은 다윗의 은총을 받아들임으로 누릴 수 있는 안정과 평화 대신에, 다윗에게 맞서기로 결정하고 전쟁을 일으킵니다.

다윗은 별 반응이 없었습니다(삼하 10:5). 모욕을 당하고 온 신하들을 보며 그들을 잠시 다른 곳에 머물게 하고 인내하는 듯이 보입니다. 그러나 암몬 사람들은 이리 뛰고 저리 뛰며 전쟁을 준비합니다. 심지어 아람 군대까지 용병으로 고용합니다(삼하 10:6).

전쟁의 결과는 볼 것도 없었습니다. 당대에 어느 나라, 어느 군대도 다윗의 군대를 이길 수 없었습니다. 다윗이 보낸 요압의 군대가 암몬을 격퇴했고, 이후에는 다윗이 직접 참전하여 아람 군대까지 모두 물리쳐 버립니다.

다윗의 침략으로 시작된 전쟁이 아님을 우리는 반드시 기억해야 합니다. 다윗이 하눈에게 주려고 한 것은 심판과 복수, 과거의 잘못에 대한 징벌이 아니었습니다. 은총이었습니다. 은총에 따른 평화였습니다. 그 은총과 평화를 하눈과 암몬 사람들이 거부한 것입니다.

더 심각한 것은 다윗에 대한 도전과 저항이 결국 다윗을 왕으로 세우신 하나님을 향한다는 사실입니다. 그들은 지금 하나님께 저항하고 있습니다. 그들은 '다윗의 침략'이 아니라 '다윗의 은총'에 저항합니다. 이 은총은 우리가 지난 본문에서 본 것처럼 '하나님께서 다윗에게 베푸신 하나님의 은총'입니다. 다윗은 그 은총을 받았으니, 그 은총을 전하고 있습니다.

왜냐하면 자신의 왕권과 나라가 하나님의 은총으로 세워졌기 때문입니다. 한 명의 목동에 불과한 자신을 왕으로 세우신 분, 여러 민족의 침입과 내부적인 혼란으로 어려운 시기를 보내던 이스라엘을 그토록 강력하게 만드신 분은 하나님이셨습니다. 그 하나님을 증명하고 증거하며, 하나님의 은총으로 암몬 사람들과 하눈을 초청한 것입니다. 이것이 하나님의 은혜를 받은 사람의 자연스럽고 마땅한 모습입니다. 다윗은 은혜 받은 자로서, 그 은혜를 흘려보내고 있는 것입니다.

암몬은 이 은총을 거부합니다. 다윗을 왕으로 세우신 하나님, 이스라엘을 부강하게 만드신 그 하나님을 거부합니다. 오히려 그 하나님과 하나님께서 이루신 모든 일들을 조롱하고 모욕하며 도전하고 저항합니다. 자신이 세워 놓은 성을 믿고, 자신의 군대와 힘을 믿고, 자신의 기술과 정치력을 믿고, 무엇보다 자신 안에 있는 '우상'을 믿고 하나님께 저항했을 것입니다.

그 결론은 철저한 패망입니다. 어느 누구도 하나님께 저항할 수 없습니다. 그 어느 누구도 하나님을 이길 수 없습니다. 하나님께서 심판의 칼을 드신다면 그 누구도, 그 무엇도 이를 피할 수 없습니다.

여러 신학자는 사무엘하 10장이 시편 2편의 반영이자 실례라고 설명합니다. 이방 나라와 민족, 세상의 군왕들과 관원들이 분노하며 꾀를 내어(시 2:1), 여호와의 기름 부음 받은 자를 대적합니다(시 2:2). 그들은 여호와의 기름 부음 받은 자의 다스림을 거부하며 그에게서 분리되려고 합니다(시 2:3).

시편 2편에 등장하는 '이방 나라와 민족, 세상의 군왕과 관원'은 이 본문에 따르면 암몬일 수 있습니다. 지금까지 계속 전쟁을 치렀던 블레셋일 수도 있고, 아람일 수도 있고, 이스라엘을 괴롭힌 이방 민족들일 수도 있습니다.

그러나 우리는 조금 더 깊게 이 의미를 살펴봐야 합니다. 여호와의 기름 부음 받은 자를 거부하며, 그에게서 분리되려고 하며, 그의 통치를 끊어 내려는 이방 나라와 민족과 군왕과 관원은 다윗에게 저항하며 싸우던 수천 년 전 이스라엘 주변의 나라들만이 아닙니다. 모든 나라와 민족입니다. 왜냐하면 타락한 모든 인류의 마음속에는 하나님의 통치와 다스림을 거부하려는 죄악 된 본성이 존재하기 때문입니다.

그러면 그 안에 누가 있습니까? 블레셋, 암몬, 모압, 아람만 있습니까? 아닙니다. 그 안에 저와 당신이 있습니다. 하나님을 떠나 범죄한 모든 인류, 죄 가운데 거하며, 하나님을 싫어하고, 회개를 거부하며, 사망 가운데 나아가던 우리가 그 안에 포함되어 있습니다. 우리야말로 이방 민족이며 나라가 아닙니까? 우리가 사는 이 세상의 문화와 권력이야말로 하나님을 거부하고 있지 않습니까?

그렇다면 '여호와의 기름 부음 받은 자'는 과연 누구일까요? '기름 부음 받은 자'는 '메시아' 곧 하나님께서 당신의 백성을 구원하기 위하여 세우신 구원자입니다. 하나님의 은총을 전하며 실제로 행하시는 자입니다. 구약 성경에서는 왕, 제사장, 선지자가 메시아로 불렸고 그 사역을 실제로 감당했습니다.

그런데 이 메시아에 대한 설명이 좀 더 구체적이고 특별합니다. 그는 하나님께서 직접 세우신 왕(시 2:6)이며, 하나님께서 낳으신 하나님의 아들(시 2:7)이며, 모든 이방 나라와 민족을 하나님께로부터 받아 소유하며, 그 소유가 땅끝까지 이를 자(시 2:8)입니다. 하나님께서 그에게 놀라운 권세와 능력을 주셔서 온 땅의 모든 세력들, 하나님의 통치를 거부하는 모든 원수들을 쇠지팡이로 항아리를 깨뜨리시듯이 다 무너뜨리고 심판하실 심판의 왕(시 2:9)입니다.

이 메시아는 다윗이 아닙니다. 다윗이 위대한 왕이고, 이 시편 2편을 기록했지만, 다윗은 자신을 노래하는 것이 아닙니다. 이 메시아, 이 왕은 하나님의 아들이며 하나님이신 분입니다. 다윗의 후손으로 오실 예수 그리스도이십니다. 예수 그리스도가 바로 모든 원수와 대적을 심판하실 심판의 왕이십니다.

사무엘하 10장은 심판으로 끝났습니다. 다윗이 블레셋을 물리친 것처럼 암몬과 아람을 심판했습니다. 그런데 시편 2편은 심판으로 끝나지 않습니다. 하나님을 대적하고, 하나님을 모욕하고 조롱하며, 하나님의 통치를 거부하고 죄악의 길로 나아갔던 악한 자들에게 살길이 열립니다. 다시 말해 우리에게도 살길이 열린 것입니다!

시편 2편은 "하나님을 대적하여 반역한 자들에게까지 열려 있는 독특한 축복의 가능성을 가르칩"니다.[3] "열국이 하나님과 메시아에 대적하여 반역하는 내용으로 시작한 후 결국 하나님께서 세우신 메시아에게 피하는 자가 복되다는 말로 끝"(시 2:12)나고 있습니다.[4] 그렇습니다. 하나님의 은총은 사라지지 않았습니다. 하나님의 자비와 사랑은 위축되지도 않았습니다. 오히려 더 강력하게 확장하며 부흥합니다.

하나님께서는 구원의 길을 열어 주셨습니다. 하나님을 거부하여 죄악의 길을 가다가 결국 사망의 심판 말고는 도착지가 없는, 그런 길을 가는 자들에게 하나님께서는 구원의 한 길을, 새로운 생명의 한 길을 열어 주셨습니다. 하나님께서 세우

---

3 김성수, 『복 있는 사람은 - 시편 설교 1』 (수원: 마음샘, 2005), 63.
4 위의 책, 63.

신 메시아에게 피하는 자가 복됩니다(시 2:12). 그의 아들에게 입 맞추는 자, 하나님의 아들에게 순종하며 그를 믿으며 그에게 의지하는 자는 구원을 받을 것입니다.

그 아들의 이름은 예수 그리스도이십니다. 그 왕의 이름은 예수 그리스도이십니다. 하나님의 진노를, 사망의 심판을 피할 수 있는 우리의 피할 곳, 우리의 영원한 거처이며 회복과 생명의 구원자, 바로 예수 그리스도이십니다. 그분이 구원의 길이며 생명이십니다. 그분으로 말미암아 아버지께로 나아가 은총을 받으며 평화와 안식을 누릴 수 있습니다. 그 은총의 길로 우리를 부르셨습니다. 예수 그리스도께서 바로 그 은총의 길이십니다.

우리는 지금까지 얼마나 하나님의 이름을 모욕하였고, 하나님의 다스림을 거부하였으며, 하나님께서 베푸신 은총을 싫어했습니까? '나는 그런 적이 없다'라고 어느 누구도 말할 수 없습니다. 만약 그렇게 믿는다면 우리는 우리를 향한 하나님의 사랑과 구원을 아직도 모르고 있는 것입니다. 암몬 왕 하눈의 그 모습 속에서 우리의 미련함과 악함을 볼 수 있습니다.

예전에 우리에게 복음 전하던 자들을 우리가 얼마나 미워하고 무시했습니까? 하나님께서 우리에게 베푸신 자비와 은총의 부르심을 얼마나 외면하고 싫어했습니까? 거룩한 삶으로의 부르심과 변화를 얼마나 거부했습니까?

지금은 어떻습니까? 우리는 얼마나 하나님 말씀을 거부합니까? 선포되는 하나님 말씀이 내 마음에 들지 않는다고 귀를 막을 때가 얼마나 많습니까? 하나님의 명령이 내 뜻과 다르다고 불순종할 때가 얼마나 많으며, 하나님께서 우리에게 맡기신 사명이 내 계획과 다르고 내 계산과 다르다고 외면할 때가 또 얼마나 많습니까? 하나님께서 우리에게 은총을 베푸시는 이 예배를 외면하고 가벼이 여기며 무시할 때가 또 얼마나 많습니까?

예루살렘아 예루살렘아 선지자들을 죽이고 네게 파송된 자들을 돌로 치는 자여 암탉이 그 새끼를 날개 아래에 모음같이 내가 네 자녀를 모으려 한 일이 몇 번이더냐 그러나 너희가 원하지 아니하였도다 _마 22:37

예루살렘을 향하여 애통해하시던 예수님의 그 탄식은 사실 우리를 향한 것입니다.

그럼에도 불구하고 하나님께서는 우리를 버리지 않으시고 우리에게 구원의 한 길을 열어 주셨습니다. 예수 그리스도께로 믿음으로 나아가 그분을 따라 순종하는 자에게 복을 주십니다. 결코 사라지지 않을 구원과 회복과 평화와 안식을 주셨습니다.

오늘도 하나님께서는 예수 그리스도의 십자가 복음으로, 우리를 그 은총으로 부르십니다. 하나님 말씀의 선포로 우리를 부르시며, 성령의 인도하심으로 우리를 그 은혜로 이끄십니다. 우리가 어디에 있든, 무엇을 하였든, 어떤 상태였든 상관없습니다. 우리를 부르시는 그 은총의 부르심에, 하나님의 부르심에 '아멘'으로 화답하며 믿음으로 나아오는 자들에게 하나님께서 영원한 생명의 은총을 주십니다.

주님께로 나아오십시오. 말씀 가운데, 예배 가운데, 기도와 찬송 가운데, 은총을 베푸시는 예수 그리스도께로 나아오십시오. 그분을 찾으시고, 그분을 의지하십시오. 오직 그분 안에 하나님의 은총이 있습니다. 그 은총의 부르심, 은혜와 사랑과 자비의 초청에 귀를 기울이시고, 저항하거나 거부하지 마시고, 응답하여 나아오십시오. 그 안에 있는 은혜와 복을 충만히 누리십시오.

12

가짜 기쁨, 진짜 기쁨

삼하 11:26-27

다윗 인생을 뒤흔든 두 사람이 있습니다. 한 사람은 '골리앗'이었고, 다른 한 사람은 본문에 나오는 한 여인 '밧세바'입니다.

부하들은 전쟁에 내보내고 다윗왕은 왕궁에 있었습니다(삼하 11:1). 한껏 게으름을 피우다 한 여인이 목욕하는 모습을 보게 됩니다(삼하 11:2). 다윗은 부하들에게 그녀가 누구인지 알아보게 합니다. 그녀는 다윗의 충성스러운 부하 '우리아'의 아내였습니다(삼하 11:3). 이때 다윗은 멈춰야 했습니다. 그러나 음욕이 그의 신앙과 이성, 양심을 마비시켰습니다. 그는 결국 간음을 저지르고 밧세바는 임신합니다(삼하 11:4-5).

다윗은 자신이 저지른 죄악을 덮기 위해 더 큰 죄를 더합니다. 전쟁터에서 돌아온 우리아를 집으로 돌려보내 밧세바와 동침하게 하려 했지만(삼하 11:8), 충성스러운 우리아는 자신의 쾌락보다 사명을 선택합니다(삼하 11:9). 심지어 '하나님의 언약궤와 이스라엘과 유다가 있는 들에 함께 있기'로 마음을 정합니다(삼하 11:11).

하나님께서 세우신 왕이요 유다 지파인 다윗은 심각한 범죄를 더하고 있는데, 헷 사람, 곧 '이방인'인 우리아는 최선을 다하여 하나님의 말씀에 순종하며, 자신을 정결하게 하고, 하나님의 언약궤와 하나님의 백성들을 사랑합니다. 누가 하나님의 백성이고, 누가 이방인인지 이제는 혼란스러울 지경입니다. 결국 다윗은 요압을 시켜 우리아를 죽입니다(삼하 11:15-16). 그것도 아주 교묘하게 전사로 위장합니다(삼하 11:17). 그리고 후에 밧세바를 아내로 받아들입니다. 세상이 보기에도 손가락질할 만하며, 하나님 보시기에 악했습니다(27절).

왜 다윗은 이런 잘못을 저질렀을까요? 왜 다윗은 이렇게 입에 올리기조차 거북한 막장 치정극을 벌인 것일까요? 우리는 그 이유와 원인을 사무엘하 11장 1-2절에서 찾아볼 수 있습니다. 즉, 그는 '참된 기쁨'을 버리고, '거짓 기쁨'을 택했습니다.

1절을 다시 보면, '왕들이 출전할 때'가 되었는데 다윗은 전쟁에 나가지 않습니다. 이스라엘 왕에게 전쟁은 단순한 전투, 싸움이 아닙니다. 이스라엘 왕에게 '전쟁'은, 하나님께서 맡기신 거룩하고 영광스러운 사명입니다. 전쟁을 통해 하나님의 백성과 나라를 보호하고 그 나라를 확장해야 했습니다. 그런데 다윗이 하나님께서 자기에게 맡기신 그 사명을 외면하기 시작했습니다.

'전쟁'이 가지는 매우 중요한 의미가 하나 더 있습니다. 다윗은 전쟁에 참여함으로 하나님의 은혜를 실제로 경험할 수 있었습니다. 연약한 세력으로 전쟁을 치르기 위해서는 하나님의 도우심을 간구할 수밖에 없었고, 하나님께서는 그 기도에 응답하셨으며, 하나님의 도우심으로 승리한 다윗은 하나님께 감사와 찬송을 올려 드렸습니다. 전쟁은 비록 두렵고 위험하고 불편한 일이었지만, 그때에, 그곳에서 다윗은 하나님을 만났고 경험했으며, 하나님의 은혜를 기뻐했습니다. 하나님을 즐거워했습니다.

그런데 다윗은 나라의 안정, 자신의 부와 권력, 화려하고 평안한 궁궐 생활에 취하여 그 모든 것을 주신 하나님도 잊고, 하나님께서 맡기신 사명도 잊어버렸습니다. 이제는 전쟁에서 경험하는 하나님의 은혜가 시시해진 것입니다. 더 이상 하나님을 기뻐하지 않게 된 것입니다.

이제 다윗은 하나님이 아닌 다른 것에서 기쁨을 찾습니다. 하나님 아버지에게서 오는 것이 아닌, 세상에서 오는 '육신의 정욕, 안목의 정욕, 이생의 자랑'으로 마음이 옮겨졌습니다(요일 2:16). 그는 모두가 부러워할 만큼의 이생의 자랑을 얻었습니다. 그러자 안목의 정욕에 이끌렸고, 결국 육신의 정욕을 채우기 위해 범죄하고 말았습니다.

다윗의 변질은 사무엘하 11장 2절에서 더욱 선명하게 드러납니다. 그는 아침이 아닌 저녁에 침상에서 일어났습니다. 하나님께 드리던 기도와 찬송, 충성과 신실함으로 채워졌던 다윗의 일상은 육체의 쾌락과 게으름이 차지했습니다. 그의 즐거움은 이제 하나님이 아닙니다. 그는 하루 종일 편안한 궁궐에서 육체의 쾌락을 즐겼습니다. 그리고 그 절정이 간음, 곧 성적 쾌락으로 이어진 것입니다.

인간은 본능적으로 기쁨과 즐거움을 갈구하는 존재입니다. 이를 누리기 위해서 최선을 다합니다. 왜냐하면 원래 인간은 무한한 기쁨과 즐거움, 희락을 누렸던 존재이기 때문입니다. 아담과 하와는 에덴동산에서 하나님과 함께 거닐며, 완전한 기쁨과 만족과 즐거움을 누렸습니다. 그들은 하나님을 완전히 즐거워하였으며, 그들은 서로를 완전히 사랑하며 기뻐했습니다.

그러나 그들은 하나님 말씀을 거부함으로 그 모든 기쁨을 잃어버렸습니다. 하나님을 떠났고, 서로를 미워하기 시작했습니다. 하나님을 향한 기쁨은 불순종과 두려움과 공포로 변질되었고, 서로를 향한 기쁨과 사랑은 이전에 없던 미움과 원망과 분노로 바뀌었습니다.

우리의 DNA에는 태초에 에덴동산에서 누렸던 이 기쁨의 흔적이 남아 있습니다. 그래서 끊임없이 기쁨을 추구합니다. 그러나 죄악으로 오염되어 마음과 생각과 행동이 엉뚱한 곳을 향합니다. 사랑해야 할 것은 사랑하지 않고, 사랑하지 말아야 할 것은 사랑하게 되었습니다. 기뻐해야 할 것은 기뻐하지 않고, 기뻐하지 말아야 할 것은 기뻐하기 시작했습니다.

영원하고 완전한 하나님의 기쁨이 아니라 이 세상이 주는 기쁨과 쾌락, 육신의 정욕, 안목의 정욕, 이생의 자랑을 기쁨으로 추구합니다. 순간의 것으로 영원을 대신하려고 하고, 불완전한 것으로 완전을 채우려고 합니다. 그러나 결국 아무것도 만족하지 못한 채로 또다시 갈급함과 결핍으로 빠져 듭니다. 그래서 끊임없이 기쁨을 추구하지만, 어디서도 기쁨을 누리지 못하는 존재가 되어 버렸습니다. 그것이 우리가 가진 비참함입니다.

사람들이 왜 '중독'에 빠지게 될까요? 사람이 중독에 빠지는 것은 '너무 많아서'가 아니라 '너무 모자라서'입니다. 과잉이 아니라 결핍이 중독을 부릅니다. 왜 알코올 중독에 빠질까요? 위로와 안정과 기쁨을 추구하지만 이를 얻지 못하니 술로 채우려고 하는 것입니다. 끊임없는 결핍을, 결코 채워 주지 못하는 것으로 채우려 하니 끊임없이 찾을 수밖에 없습니다. 음

란물, 게임, 돈, 명예, 권력, 취미에 중독되는 이유 역시 마찬가지입니다.

그러므로 중독을 끊는 법 역시 분명합니다. 더 좋은 것, 더 기쁜 것, 더 즐거운 것, 더 힘과 위로를 주는 것이 있음을 알고 그것을 누리면 됩니다. 왜 신실한 그리스도인들은 술을 즐기지 않을까요? 술이 주는 기쁨과 즐거움보다 더 크고 완전하고 영원한 기쁨을 누리기 때문입니다. 바로 하나님입니다. 하나님을 누리고 있기에 하나님보다 못한 것들을 버리는 것입니다. 술이 주는 즐거움보다 하나님께서 주시는 위로가 비교할수 없을 만큼 완전하며, 술자리가 주는 기쁨보다 하나님과의 사귐이, 하나님의 자녀들과 함께 누리는 믿음의 교제가 훨씬즐겁고 기쁘기 때문입니다. 완전하고 영원한 기쁨을 소유했기에 그것보다 훨씬 못한 것들, 결코 우리에게 만족과 기쁨을 주지 못하는 것들을 가치 없이 여기고 거기에 마음을 두지 않는것입니다.

'헨리 스쿠걸'이 쓴 『인간의 영혼 안에 있는 하나님의 생명』에 너무나도 중요한 부분이 있습니다.

더욱이 영혼의 가치는 우리가 사랑하는 것에 의하여 평가된다.
만일 부패하고 사악한 것들을 사랑하면 우리는 부패하고 사악해

진다. 그러나 하나님을 사랑하는 사람은 그 사랑의 대상과 같아
질 때까지 영적으로 성장하며 성숙해 간다. 어떤 사람이 사랑하
는 그 대상은 늘 그의 마음속에 자리하고 있다. 그리고 우리가 생
각하는 것은 영혼을 형성하는 힘을 지니고 있다. 우리는 자신이
보는 것을 닮아 간다.[5]

'내가 기뻐하는 그것이 결국 내 영혼과 인생의 가치를 결정'
합니다. 하나님께서 영원하시고 완전하시니, 그 하나님을 기
뻐할 때 우리도 영원하고 완전한 기쁨과 즐거움을 누릴 수 있
습니다. 하나님을 바라볼 때 하나님의 형상이 회복되며 하나
님을 닮아 갑니다. 그러나 우리가 세상을 사랑하고 즐거워할
때, 우리의 영혼도 세상을 닮아 갑니다. 우리가 썩어질 세상
을 기뻐하고 사랑할 때, 우리의 영혼도 세상과 같이 무너져
갑니다.
　내가 사랑하고 즐거워하는 그것이 내 인생의 가치를 좌우
합니다. 지금 내 눈이 향하고, 내 마음이 향하고, 내가 즐거워
하는 그것이 내 인생의 성격을 결정합니다. 당신의 눈은, 마음
은, 귀는 어디를 향하고 있습니까? 무엇을 기뻐하고 있으며,

5　헨리 스쿠걸, 『인간의 영혼 안에 있는 하나님의 생명』, 김태곤 역 (서울: 생명의 말씀사,
　2021), 48.

무엇을 즐거워하고 있습니까? 영원을 기뻐하면 영원의 가치를 소유하고, 순간을 기뻐하면 순간의 가치만을 소유하는 것입니다. 당신은 무엇을 선택하시겠습니까?

우리가 하나님을 기뻐할 때 우리 인생이 영광을 누립니다. 그런데 그것만이 아닙니다. 우리가 하나님을 기뻐할 때, 하나님께서도 무한한 영광을 누리십니다. 존 파이퍼는 이렇게 말합니다.

> 내가 하나님 안에서 가장 크게 만족할 때 하나님께서도 가장 큰 영광을 받으신다.[6]

우리가 하나님께 영광을 올려 드릴 수 있는 가장 좋은 방법, 가장 쉬운 방법, 그러나 가장 중요하고 필수적인 방법은 하나님을 기뻐하는 것입니다.

제 아버지는 무뚝뚝하시고 늘 화를 내시는 무서운 분이셨습니다. 그런데 손주 앞에서는 달라지셨습니다. 손주를 보시자 손주 앞에서 재롱을 부리기 시작하셨습니다. 어르고 달래셨습니다. 그러자 이 아기가 한 번 웃었습니다. 저는 그때 제 아

---

6 존 파이퍼, 『하나님을 기뻐하라』, 박대영 역 (서울: 생명의 말씀사, 2020), 11.

버지의 얼굴과 제 아버지가 하신 말씀을 잊지 못합니다. "내가 너 할아비이다."

그 전에도 할아버지셨습니다. 심지어 이 아이는 할아버지를 위해 한 것이 아무것도 없고, 오히려 할아버지가 이 아이를 위해 체면도 버리고 재롱을 부리셨습니다. 그런데 이 아이가 웃자, 이 아이가 당신을 기뻐하자, 그때에 할아버지는 할아버지로서의 영광을 이 아이에게서 받으셨습니다. 그것이 할아버지에게 가장 큰 기쁨과 영광이 되었습니다.

하나님께서 우리에게 원하시는 것이 무엇일까요? 우리가 무엇으로 하나님께 영광을 돌려 드릴까요? 하나님께서 재산이 부족하시니 우리가 돈을 많이 벌면 하나님께서 영광을 받으실까요? 하나님께서 명예가 부족하시니 우리가 인기를 얻으면 하나님의 이름이 높아질까요?

아닙니다. 하나님은 이미 완전히 영광스러우십니다. 우리의 그 무엇으로도 하나님의 영광에 더할 수 없습니다. 그런데 하나님께서는 우리를 통해 영광 받기를 원하십니다. 존 파이퍼는 웨스트민스터 소요리문답 1문답을 이렇게 설명합니다.

사람의 제일 되는 목적은 영원토록 하나님을 즐거워함으로써(by)

하나님을 영화롭게 하는 것이다.[7]

하나님을 기뻐함으로 하나님께 영광을 돌려 드릴 수 있습니다. 하나님을 즐거워함으로 하나님께 영광을 올려 드릴 수 있습니다. 우리는 하나님을 기뻐할 때 우리 영혼과 인생이 최고의 가치를 누릴 수 있으며, 하나님께 가장 큰 영광을 올려 드릴 수 있습니다. 하나님을 기뻐할 때에 비로소 우리는 가장 아름답습니다.

그러면 어떻게 해야 하나님을 기뻐할 수 있을까요? 하나님을 알면 알수록, 하나님을 경험하면 경험할수록 하나님을 더욱 기뻐할 수 있습니다. 하나님께서는 말씀을 통해 당신을 우리에게 알려 주십니다. 기도와 찬송 가운데 당신의 능력을 우리에게 보여 주십니다. 예배 가운데 우리는 하나님을 경험할 수 있습니다. 말씀을 통해, 예배를 통해, 찬송과 기도를 통해, 우리는 하나님을 알고, 누리며, 경험하며, 기뻐할 수 있습니다. 바로 그때, 온갖 거짓된 가짜 쾌락은 사라지고, 하나님께서 주시는 영원하고 완전한 희락이 우리 마음에 충만할 것입니다. 그때에 우리 인생이 참으로 복되며, 영광을 누리며, 우리를 유혹하는 온갖 죄를 이겨 낼 수 있을 것입니다.

---

7 존 파이퍼, 『하나님을 기뻐하라』, 박대영 역 (서울: 생명의 말씀사, 2020), 21.

13 당신이 그 사람이라

삼하 12:7-15

성경은 다윗이 저지른 심각한 죄를 있는 그대로 기록했습니다. 다윗의 인생 기록 중 가장 많은 분량을 차지하는 사건이 바로 밧세바를 간음한 범죄입니다. 그만큼 중요하기 때문입니다. 이렇게 성경이 길게 이 사건을 기록한 목적은 단순히 다윗의 죄를 폭로하고 비난하는 것이 아닙니다. 오히려 죄인을 부르시는 하나님의 은혜의 음성, 죄인을 구원하시고 살리시며 회복시키시는 하나님의 그 은혜의 손길을 보여 주기 위함입니다. 사무엘하 12장은 죄인을 구원하시고 회복시키시는 은혜의 대서사를 기록하고 있습니다. 바로 우리에게 주셨고, 주실 은혜입니다.

사무엘하 11장은 이 말씀으로 마무리됩니다.

다윗이 행한 그 일이 여호와 보시기에 악하였더라 _삼하 11:27

그런데 사무엘하 12장은 놀라운 반전으로 시작합니다.

여호와께서 나단을 다윗에게 보내시니 _삼하 12:1

'나단'은 하나님 말씀을 전하는 선지자입니다. 하나님께서는 선지자를 통하여 말씀하셨습니다. 피조물인 다윗이 감히 창조주 하나님께로 나아갈 수 없었습니다. 그뿐만이 아닙니다. 끔찍한 죄악을 저지른 죄인 다윗은 완전히 거룩하시고 죄 없으시며 죄인을 심판하시는 하나님 앞에 더더욱 나아갈 수 없었습니다. 그런데 바로 그 다윗에게 하나님께서 먼저 찾아가셨고, 그 다윗에게 말을 거셨습니다.

하나님과 우상은 본질적으로 다를 수밖에 없습니다. 하나님은 말씀하십니다! 어떤 우상도 말하지 못하지만, 하나님은 말씀하십니다!

이는 두 가지를 의미합니다. 먼저, 하나님은 말씀으로 당신을 드러내십니다. 하나님께서는 말씀으로 당신의 뜻을 알려 주시고, 말씀으로 임재하시며, 말씀으로 당신을 당신의 백성들에게 나타내십니다. 그래서 성경은 '하나님의 말씀을 듣는 것'과 '하나님을 뵙는 일'을 동일하게 다룹니다. 그리고 하나님께서는 말씀으로 일하십니다. 하나님께서는 말씀으로 천지를 창조하셨습니다. 당신의 백성을 말씀으로 택하여 부르셨고, 말씀으로 죄인을 심판하셨습니다. 범죄한 당신의 백성을 말씀으로 용서하셨으며, 구원하셨고, 새롭게 하셨습니다. 그 하나님의 말씀이 다윗에게 임하였습니다. 하나님께서 다윗에게 임하신 것입니다. 굳게 닫힌 다윗의 마음을 여시고 하나님의 은혜의 일을 이미 시작하신 것입니다.

하나님께서 선지자 나단을 통하여 말씀하신 것은 매우 단순하고 짧은 이야기였습니다. 양과 소를 많이 가진 부자가 손님을 접대하기 위해 가난한 자의 딸과 같은 암양 새끼를 빼앗았다는 이야기입니다(삼하 12:1-4). 이 이야기를 들은 다윗의 반응이 특이합니다(삼하 12:5). 다윗은 격분합니다. 그러고는 하나님의 살아 계심을 두고 가난한 자의 양을 빼앗은 부자에게 '사형'을 선고합니다.

'방귀 뀐 놈이 성 낸다'라는 속담이 있습니다. 지금 다윗이 딱 그 상황입니다. 다윗은 어쩌면 나단이 말하는 이 악한 부자가 자기 자신이라는 사실을 알았는지도 모릅니다. 그럼에도 다윗이 과하게 반응하는 것은 이 분노로 자신의 죄를 감추기 위해서입니다. '나는 그럴 사람이 아니다. 나는 이렇게 정의를 존중하고 행하는 사람이다. 나는 나쁜 사람이 아니다. 나는 그런 죄인이 아니다.'

이것이 사람의 본성입니다. 자기 죄를 감추고 속이고 덮으려고 합니다. 자기 의를 내세우고, 자신의 행위와 공로를 자랑하며, 자기 죄를 포장하려고 합니다. 그러나 먼저 말을 거신 하나님께서는 다윗이 숨기려 하는, 그러나 결코 숨길 수 없는 죄를 끄집어내십니다.

바로, 사무엘하 12장 7절입니다. 나단이 다윗을 바라보며 말합니다. "당신이 그 사람입니다. 당신이 바로 그 죄인입니다. 당신이 바로 하나님의 이름으로 사형의 심판을 받아야 할 그 사람입니다."

하나님께서 다윗에게 하신 말씀은 "다윗아, 너는 죄인이다"라는 유죄 선고였습니다. "다윗아, 너는 사형을 받아야 할 죄인이다"라는 심판 선언이었습니다. 다윗은 악을 쓰며 자신의 죄를 덮으려고 했지만, 하나님께서는 그의 중심을 향하여, 그의 영혼과 심장을 향하여, "네가 말한 대로 너는 죽어 마땅한 죄인이다"라고 말씀하셨습니다. 바로 이 말씀이 하나님과 우상을, 복음과 종교를, 진리와 거짓을 분별하는 기준입니다.

사람이 만들어 낸 종교는 죄를 감춥니다. 내가 죄인이라는 사실을 말하지 않습니다. 불편한 말, 듣기 싫은 말은 하지 않고, 듣기 좋은 말, 기분이 좋아지는 말만 합니다. 죄악이 드러나도 그것을 다른 사람의 일로 돌려 비난할 뿐, 자신을 돌아보지 않습니다. 그러나 복음은 다릅니다. 하나님의 말씀은 그렇지 않습니다. 하나님의 말씀, 곧 복음은 우리의 죄를 드러냅니다. 우리의 죄를 있는 그대로 폭로하고 지적하고 매섭게 질책합니다.

왜 그렇습니까? 그것이 사실이기 때문입니다. 그것이 우리의 실체이기 때문입니다. 무엇보다 죄인을 용서하시고 구원하시며 영생의 복을 주시려는 하나님의 거룩하고 영광스러운 목적이 있기 때문입니다.

어떤 의사가 정말 좋은 의사일까요? 이빨이 썩었는데 환자가 싫어하고 아파한다고 신경 치료를 거부하는 치과 의사가 좋은 의사입니까? 아니면 환자를 붙들고 설득하여 아파도 썩은 부위를 치료하는 의사가 좋은 의사입니까? 당신은 어느 의사에게 당신의 몸을 맡기겠습니까?

복음은 우리가 가짜 평안에 취해 사망의 심판으로 멸망하도록 내버려 두지 않습니다. 복음은 우리로 하여금 우리의 죄와 비참함을 직시하도록 이끕니다. 죄와 비참함을 깨닫게 하고, 하나님의 은혜를 찾게 하며, 그 은혜로 이끌어 갑니다. 그것이 복음입니다.

선지자 나단은 다윗이 저지른 그 죄의 본질이 무엇인지 알려 줍니다. '여호와 하나님의 말씀을 업신여긴 것'입니다(9절).

하나님께서는 '당신의 말씀을 업신여긴 것'을 '당신을 업신여긴 것'과 같은 것으로 말씀하십니다(10절). 이것이 다윗이 저지른 죄의 본 모습이었습니다.

하나님 말씀을 업신여긴 것은 두 가지로 나타났습니다. 하나는 '풍족히 주겠다'고 약속하신 하나님 말씀을 신뢰하지 않은 불신이고(8절), 다른 하나는 하나님의 명령을 어기고 위반한 불순종이었습니다(9절).

하나님께서는 말씀을 통하여 그의 죄를 드러내시고, 말씀을 통하여 그가 받을 심판을 선포하시며, 그럼에도 불구하고 자비를 베푸시기 위하여 또다시 그에게 말씀하셨습니다. 이 모든 하나님 말씀은 그를 구원하시기 위한 하나님의 일하심의 과정입니다. 하나님께서는 말씀으로 당신을 다윗에게 나타내시고, 말씀으로 그를 구원으로 이끌고 계신 것입니다.

오늘날 설교는 어디에서도 좋은 말을 듣지 못합니다. 가장 주된 이유는 설교자들이 타락했고, 설교를 망쳐 놓았기 때문입니다. 안타깝게도 설교자들의 수준이 너무 낮아졌습니다. 설교자들이 성경을 바르게 이해하지 못하고, 성경을 외면했으며, 성경이 아닌 다른 것을 설교했습니다. 이런 일이 반복되어 설교가 아닌데 설교라고 하고, 설교인데 설교가 아니라고 하는 이상한 일이 한국 교회 안에서 벌어지고 있습니다.

오늘날 설교는 잔소리와 지루함의 대명사입니다. 무엇보다 '설교'라는 것 자체가 오늘날과 어울리지 않는 것으로 취급됩니다. 전통적인 의미와 방식의 설교는 교회 성장과 부흥에 방해가 된다고 말하는 분들도 있습니다. 정말로 그렇습니까? 정말로 설교가 이 시대를 따라가지 못하는 구시대적 종교 유산입니까? 죄를 지적하고, 회개를 촉구하며, 복음을 증거하고, 거룩하고 경건한 삶을 고양하는, 성경의 내용을 그대로 전달하는 설교는 이제 사라져야 할 지루한 종교적 형식입니까? 그런 설교는 교회 부흥을 방해하는 교회 성장의 장애물입니까?

설교는 하나님의 말씀을 전하는 것입니다. 성경은 설교로 가득 차 있습니다. 하나님께서는 선지자와 사도들을 통하여 설교하셨고, 모세 사역의 절대 다수는 설교였으며, 심지어 신명기는 책 한 권 전체가 설교입니다. 하나님께서는 나단의 설교를 통하여 다윗에게 말씀하셨습니다. 예수님께서 설교하셨고, 베드로와 바울이 설교했으며, 신약 성경 대부분은 편지로 기록된 설교입니다.

설교가 정말로 무의미하고 필요 없는 것이라면, 왜 성경은 설교로 가득 차 있습니까? 왜 하나님께서는 이스라엘과 교회 역사 가운데 설교가 있게 하셨고, 설교를 통하여 당신의 백성들을 불러 모으셨습니까? 설교는 하나님께서 당신 자신을 드러내시고, 하나님께서 당신의 일을 이루시는 도구입니다. 하나님께서는 설교를 통하여 말씀하시고 일하십니다.

그래서 설교의 목적은 단 두 가지밖에 없습니다. 하나님께 영광을 올려 드리는 것이며, 죄인이 구원을 받는 것입니다. 이를 위해 설교는 성경을 밝히 드러내어 죄인에게 회개를 촉구하며 구원받는 복음을 증거하고, 하나님께 영광을 올려 드리기 위해 거룩하고 경건한 삶을 신자들에게 촉구할 뿐입니다. 그 외에는 없습니다. 그 외에는 하나님께서 설교에 허락해 주신 것이 없고, 그 외에는 설교가 할 수 있는 말이 없습니다.

하나님께서 다윗에게 말씀하셨습니다. 그의 죄를 드러내셨고, 심판을 선포하셨으며, 회개를 촉구하셨습니다. 어느 누구도 죄를 지적하고 질책하며 저주의 심판을 전하는 말을 즐겁게 듣지 않습니다. '당신이 죄인이다. 당신이 틀렸다. 당신이 잘못했다'라는 말은 듣기 싫은 소리입니다.

그러나 다윗은 선포된 하나님 말씀에 '아멘'으로 답하였습니다. "그렇습니다. 내가 그 사람입니다. 내가 여호와께 죄를 범하였습니다. 내가 바로 하나님의 사망의 심판을 받아야 할 죄인입니다"(13절).

설교의 완성과 완결은 선포된 하나님의 말씀에 대한 신자의 응답과 반응입니다. 그저 강단에서 선포된 설교를 듣는 것으로 설교가 끝나는 것이 아닙니다. 설교를 들은 우리 영혼이 우리 삶으로 그 말씀에 반응할 때, 그때에 비로소 설교는 완료됩니다. 설교는 강단이 아니라 당신의 마음과 삶에서 마무리됩니다.

본문에는 매우 짧게 기록되어 있습니다만, 사실 13절에 기록된 다윗의 이 고백 뒤에 시편 51편 전체가 담겨 있습니다. 다윗은 선포된 하나님의 말씀을 듣고 엎드려 회개합니다. 자신의 죄를 인정하고, 하나님의 은혜를 간구합니다. 이것이 말씀을 통하여 역사하시는 성령의 은혜입니다. 이것이 진짜 성령의 역사, 일하심입니다. 성령께서는 말씀을 통하여 일하시기에, 말씀이 선포되는 그곳에서, 말씀을 듣는 자들의 심령 가운데 역사하셔서 그 말씀에 반응하게 하십니다.

다윗이 나단의 설교를 뿌리치지 않았습니다. 듣기 싫은 소리 한다고 귀를 막지 않았고, 듣고 싶은 소리 하지 않는다고 비난하지도 않았습니다. 그저 선포되는 하나님의 말씀에 그 심령을 정직하게 내려놓고 엎드려 순종했을 뿐입니다.

성경대로 전하는 설교가 공격과 미움을 받고 외면당하는 시대를 살아가고 있습니다. 전하기 편하고 듣기에도 편한 설교가, 그러나 성경에서 벗어나 진리에서 멀어지고, 그래서 영혼을 병들게 하는 설교들이 횡행합니다.

제 신앙은 지금까지 들은 설교를 통하여 세워졌고, 저는 지금도 설교를 듣고 있으며, 또 설교를 하고 있습니다. 저는 하나님께서 다윗에게 역사하셨듯이, 오늘도 말씀과 설교로 우리에게 은혜를 베푸신다고 믿습니다. 우리를 구원하시는 그 복음의 역사와 우리를 경건하고 거룩하게 하시는 그 성화의 은혜가, 강단에서 선포되는 이 말씀을 통하여 우리 가운데 일어난다고 믿습니다. 저는 교회가 바로 그 은혜의 장, 성령께서 강력하게 역사하시는 말씀과 은혜의 현장이라고 믿습니다.

설교를 위하여 기도해 주십시오. 강단에서 하나님 말씀이 정직하고 바르게 선포되도록 기도해 주십시오. 그리고 그 선포된 하나님의 말씀이 우리 모두의 심령과 삶에서 강력하게 역사하게 해 달라고, 성령께서 역사하시기를 간절히 기도해 주십시오. 우리가 성경적 설교의 은혜를 지켜 갈 때, 그 설교가, 하나님의 말씀이 우리를 지킬 것입니다.

14 은혜와 화평의 하나님
심하 12:24-25

다윗이 하나님 앞에 큰 범죄를 저질렀습니다. 이에 대하여 하나님께서는 말씀으로 죄를 지적하시고, 회개를 촉구하셨으며, 다윗은 자신의 죄가 얼마나 크고 무거운지, 그 죄가 하나님 앞에 사망의 심판을 받아 마땅한 죄라는 사실을 깨달았습니다. 그리고 하나님 앞에 회개했습니다. 사무엘하 12장 13절에는 짧게 기록되어 있지만, 이 죄에 대한 다윗의 회개는 아마도 그의 평생에 계속되었을 것입니다. 특히 시편 51편은 다윗이 이 사건으로 말미암아 지은 회개의 시입니다. 그러나 시편 51편 외에도 '애통의 시편'으로 모아지는 여러 시편들(시편 6, 32, 38, 102, 130, 143편)에는 모두 죄와 죄의 비참한 결과, 그리고 하나님 앞에서의 눈물과 애통의 회개가 담겨 있습니다. 그 시편들이 모두 다윗이 하나님 앞에 자신의 죄를 회개하며 지은 시편이라고 봐도 무방합니다. 다윗은 자신의 인생 내내, 자신의 모든 마음과 영혼을 하나님 앞에 쏟아 내며 회개했습니다. 이 것들은 그 시편 하나하나를 살펴보며 자세히 다루어 할 내용들입니다.

그런데 사무엘하 본문은 '다윗이 회개하였다'라는 사실에서 끝나지 않습니다. 오히려 사무엘서 기자는 다윗의 회개보다는 다윗의 회개 다음에 일어난 일, 곧 하나님께서 다윗의 회개를 어떻게 다루셨으며, 이후에 다윗의 인생을 어떻게 이끄셨는지, 하나님의 일하심에 더 많은 관심을 기울이고 있습니다. 다시 말해 다윗의 회개가 시편 여러 편으로 기록될 만큼 크고 간절하며 중요하지만, 사무엘하 본문은 다윗의 회개보다 하나님의 일하심을 더 강조하고 있다는 것입니다.

무엇이 우리를 변화시킬까요? 무엇이 우리를 살리고 우리 인격과 삶에 변화를 일으킬까요? 이는 우리 신앙생활에서만이 아니라, 우리 인생 전반에서 따라오는 근본적인 질문입니다. 우리는 늘 이 질문을 만나게 되고, 이 질문에 대하여 어떤 답을 하느냐에 따라 우리 인생에 대한 평가도 달라집니다.

무엇이 우리를 변화시킬까요? 우리의 변화는 어디로부터 일어날까요? 무엇이 우리를 죄에서 돌이키게 하고, 죄를 이기게 하며, 거룩하고 경건한 삶으로 우리 삶의 모습을 변화시킬까요? 하나님 보시기에, 그리고 사람들이 보기에도 바람직하고 아름다운 사람의 모습으로 어떻게 해야 변화될 수 있을까요?

하나님께서 성경을 통하여, 그리고 다윗 이야기를 통하여 우리에게 알려 주시는 답이 있습니다. 먼저, 다윗에게는 그 변화의 원인과 원동력이 없다는 것입니다. 다윗이 자기 죄를 깨달았습니다. 하나님 앞에 눈물로 회개했습니다. 새로운 삶을 살기로 결단도 했을 것입니다. 이 모든 것이 다윗에게 일어난 변화임은 분명합니다. 그러나 다윗 자신이 이 모든 것을 시작하고, 자신의 삶에 실제로 변화를 일으킨 것은 아니었습니다.

다윗의 변화는 다윗 안에서, 다윗 스스로 행한 지성의 깨달음, 정서의 애통함, 의지의 결단으로 일어난 것이 아니었습니다. 다윗의 변화는 다윗 밖에서 다윗 안으로 주어진 무언가를 통해서 일어났습니다. 바로 하나님의 은혜입니다. 하나님께서 다윗에게 은혜를 주시자 그 은혜가 다윗을 변화시켰습니다.

사람을 변화시키는 것은 하나님의 은혜입니다. 오직 하나님의 은혜가 우리를 변화시키며 새로운 삶을 살게 합니다. 끔찍하고 비참한 범죄로 시작된 다윗과 밧세바 이야기는 놀라운 하나님의 은혜, 하나님의 사랑과 화평을 회복시키시는 하나님의 은혜, 그리고 다윗을 변화시키시는 하나님의 은혜의 기록으로 마무리됩니다.

본문, 정확히는 사무엘하 12장 15절 이후에는 지금의 문화와 기준으로는 쉽게 받아들이기 어렵고 당혹스러운 내용이 기록되어 있습니다.

다윗과 밧세바 사이에 아이가 태어납니다. 그러나 나단 선지자는 이 아이가 반드시 죽을 것이라고 예언하였고(삼하 12:14), 하나님께서 이 아이를 치심으로 이 아이는 심히 앓게 됩니다(삼하 12:15b). 이 아이는 자기 아버지의 죄악으로 말미암아 태어나자마자 크게 앓다가 죽고 맙니다. 쉽게 받아들이기 어려운 내용입니다.

그러나 우리가 이 본문을 볼 때 감안해야 할 사실이 몇 가지가 있습니다. 먼저, 그 당시에는 영아 혹은 유아 사망이 흔한 일이었다는 것입니다. 아이의 죽음이 마음 아픈 일임은 분명한 사실입니다. 아무리 아이라고 해도 그 생명을 가볍게 여기거나 함부로 대해서는 안 됩니다. 그러나 그 당시, 지금으로부터 3천 년 전 세계의 위생 수준은 지금과는 비교할 수 없이 열악하였고, 의료라고 부를 수 있는 것조차 거의 없었습니다. 그러한 환경 아래에서 아이의 죽음이 마음 아픈 일임은 분명하지만 흔하게 일어나는 일이었다는 사실도 분명합니다. 오히려 아이의 고통과 죽음을 이렇게 기록하는 것 자체가 성경이 기록된 시기의 문화에서는 매우 독특하고 특별한 일이었습니다.

당시에는 아이의 죽음을 흔하게 여겼고 무엇보다 아이라는 존재 자체를 그렇게 귀하고 중요하게 다루지 않았습니다. 그런데 성경은 아이를 다르게 대합니다. 성경은 이 아이의 죽음을 가볍게 여기는 것이 아니라 오히려 매우 특별하게, 중요하게 다루고 있는 것입니다.

둘째, 실제로 일어난 사건과 그 사건을 통해 하나님께서 주시는 교훈을 잘 구별하고 이해해야 한다는 것입니다. 성경은 지어낸 소설도 아니고 사람들의 입을 통해 전해진 전설의 기록도 아닙니다. 성경은 실제로 일어난 일들의 기록입니다. 그런데 그 사건들이 성경에 기록될 때에는 특별한 목적을 가집니다. 곧, 성경은 하나님께서 당신의 백성들에게 교훈을 주시기 위해 사용하시는 도구가 됩니다. 많은 사건들 중에 하나님의 뜻을 전달하기에 가장 분명하고 쉬운 일들을 선별하여 기록하게 하신 것입니다. 그래서 기록된 사건들은 사람들이 하나님의 뜻을 잘 이해할 수 있도록 사람들에게 익숙한 일들이었을 것입니다. 사람들은 사건의 기록을 보고 듣고 읽으면서 이를 통해 하나님의 뜻을 이해할 수 있었습니다. 중요한 것은 '하나님의 뜻'이지, 그 뜻을 담고 있는 '사건' 자체가 아니라는 것입니다.

성경에 기록된 사건을 바라볼 때, 우리와 실제로 그 사건을 보고 겪은 사람들 사이에 이해의 차이가 있을 수 있습니다. 무려 3천 년의 간극이 있습니다. 그러나 우리는 그 간극을 뛰어넘는 하나님의 뜻을 봐야 합니다. 우리가 이 사건들을 볼 때에도, 억지로 우리 문화, 우리 기준으로 해석할 것이 아니라, 이 사건을 통하여 하나님께서 정말로 우리에게 말씀하시고자 하는 것이 무엇인지를 알아야 합니다. 그렇지 않고 억지로 우리 기준으로 성경을 해석하다 보면 성경의 진짜 메시지, 하나님께서 우리에게 말씀하시는 것을 놓치게 됩니다.

결국, 이 본문의 핵심은 '아들'입니다. 다윗의 죄 때문에 아들이 죽었습니다. 그런데 이 아들의 죽음은 다윗이 받은 죄 용서와 함께 일어났습니다. 다윗이 자기 죄를 인정하자 하나님께서는 다윗을 용서하시고 그 증거로 다윗은 죽지 않을 것이라고 말씀하십니다(삼하 12:13). 그러나 다윗이 저지른 죄와 그 죗값은 결코 가볍지 않았습니다. 다윗은 하나님의 자비와 긍휼을 베풀고 행해야 하는 자입니다. 그러나 그는 오히려 하나님의 자비를 훼손했습니다. 그 탓에 사람이 억울한 죽임을 당했고, 한 가정이 깨졌습니다. 하나님의 자비와 사랑과 긍휼이 사라지고, 오히려 악, 거짓, 살인이 횡행했습니다. 다윗은 하나님께 범죄한 것입니다.

하나님은 죄를 싫어하십니다. 하나님은 죄를 심판하시고

죄인을 멸하시는 공의의 하나님이십니다. 동시에 하나님은 죄인을 용서하시고 살리시는 은혜의 하나님이십니다. 다윗과 우리 모두는 그 사실을 알아야 합니다.

하나님께서 다윗의 죄를 용서하시고, 그가 죽을죄를 지었으나 죽지 않고 생명을 유지하도록 그에게 은혜를 베푸셨습니다. 그렇다면 하나님의 공의는 훼손되었습니까? 하나님의 공의는 지금 다윗을 향하여 눈을 감은 것입니까? 아닙니다. 그렇지 않습니다. 하나님의 은혜가 이루어졌듯이, 죄를 심판하시는 하나님의 공의도 결코 무너질 수 없고, 반드시 이루어집니다.

다윗이 받아야 할 사망의 심판이 있습니다. 다윗이 하나님 말씀을 어기고, 하나님 영광을 가렸기에 그는 죽음의 심판을 당해야 합니다. 그리고 하나님께서는 그 죽음의 심판을 다윗의 아들에게 대신 지게 하신 것입니다. 다윗이 받아야 할 사망의 심판을, 다윗의 아들이, 다윗의 후손이 대신 받았습니다. 그리고 이로 말미암아 다윗은 생명을 얻었습니다. 그 아들이 다윗의 죗값을 대신 치렀습니다. 이를 가리켜 성경은 '대속'이라고 합니다.

어느 부모도 아들에게 자신의 죗값 지우는 것을 좋아하지 않습니다. 아들을 대신해서 죽으려고 하지, 아들을 자기 대신 죽이려는 부모는 없습니다. 자식의 죽음은 사실 부모의 죽음입니다. 자식이 죽을 때 부모는 죽음과 같은 고통을 겪습니다. 죽음을 경험합니다. 지금 이 아들이 죽을 때, 사실 다윗도 그 아들과 함께 죽은 것입니다. 다윗도 이 아들이 죽을 때 함께 죽었습니다. 그러나 그 죗값은 그 아들이 대신 졌고, 다윗은 살았습니다.

여기서 끝나지 않습니다. 하나님께서는 다윗과 밧세바에게 아들을 또 허락하십니다. 마치 가인에게 살해당한 아벨 대신 셋을 주심으로써 아담을 향한 사랑과 약속을 지키신 것처럼, 하나님께서는 다윗과 밧세바에게 또 아들을 주십니다. 그 아들의 이름이 '솔로몬'입니다. '솔로몬'이라는 이름은 '샬롬'에서 왔습니다. 샬롬, 말 그대로 평화, 화평입니다. 이 아들을 통해 다윗은 말 그대로 샬롬을 경험하게 됩니다. 하나님께서 주신 아들, 다윗의 아들이 다윗에게 화평을 가져왔습니다.

다윗은 먼저 밧세바와 평화를 누립니다. 다윗이 밧세바를 위로하고 그녀와 동침합니다(24절). 이전에 다윗에게 밧세바는 위로의 대상이 아니라, 자기 육체의 정욕을 채우기 위한 쾌락의 대상이었을 뿐입니다. 죄책감의 발로였으며, 죄악의 증거였습니다. 그런데 이제 다윗은 밧세바를 위로합니다. 이제야 다윗은 밧세바를 자신의 아내로 받아들이고, 그녀를 사랑하며, 그녀와 화평을 누리게 되었습니다.

무엇보다 다윗은 하나님과의 화평을 회복합니다. 이 아이가 태어났고, 하나님께서 이 아이를 사랑하셨습니다. 그리고 나단 선지자가 이 아이에게 '여디디야', 즉 '하나님의 사랑을 받은 자'라는 이름을 붙여 줍니다.

다윗의 아들이 죽을 때, 다윗은 죄악의 비참함과 죽음의 고통을 경험했습니다. 그리고 이 아들이 태어났습니다. 이 아들은 하나님께서 주시는 샬롬의 아들이었고, 이 아들은 하나님 사랑을 충만히 받는 아들이었습니다. 이 아들이 하나님 사랑을 충만히 받을 때, 다윗 역시 하나님 사랑을 받을 수 있었습니다. 하나님 사랑을 다시 경험할 수 있었습니다. 다윗은 이 아들로 말미암아 다시 태어났습니다. 새로운 생명을 얻었습니다.

다윗은 아들을 통하여 죗값을 치렀고, 아들을 통하여 하나님과의 화평을 회복하였으며, 하나님 사랑을 받았습니다. 모든 죄 사함과 대속과 화평과 사랑과 회복은 모두 아들, 다윗의 아들들을 통하여 다윗에게 주어졌습니다. 하나님께서 다윗에게 베푸신 죄 사함의 은혜, 공의의 심판, 회복의 은혜는 모두 아들, 다윗의 아들들을 통하여 이루어졌습니다.

이 아들은 우리를 위하여 모든 죗값을 대신 치르시고, 십자가에서 우리를 위한 대속을 이루셨으며, 부활하셔서 새로운

생명을 주시고, 하나님께로 우리를 이끄신 하나님의 아들이시
며, 다윗 후손으로 오신 예수 그리스도를 가리킵니다. 하나님
께서는 다윗의 아들들, 즉 다윗 대신 죽고, 다윗을 위하여 태어
났으며, 다윗 대신에 심판을 받고, 다윗을 향한 하나님의 사랑
과 은혜와 평화를 베푼 이 아들들을 통하여, 예수 그리스도를
보여 주신 것입니다. 다윗 스스로는 감당할 수 없는 죗값을 그
아들에게 맡기셨으며, 다윗 스스로는 결코 회복할 수 없는 하
나님의 사랑과 화평을 그 아들을 통하여 회복하신 것입니다.

하나님께서 은혜를 베푸셨습니다. 그리고 그 은혜로 말미
암아 다윗이 변화되었습니다. 전쟁터에 나가지 않고 게으름
을 부리다 죄를 지은 다윗이, 이제는 전쟁을 하고 왕의 사명
을 회복하며 다시 하나님 보시기에 합당한 자로 일어납니다(삼
하 12:28). 하나님의 은혜가, 아들을 통하여 주신 은혜가 다윗을
회복시키고 변화시킨 것입니다.

사람은 무엇으로 변화될까요? 무엇이 우리를 바꿀까요? 목
회를 하며 이 질문을 만날 때마다 큰 벽 같은 것을 경험합니
다. 사람은 안 바뀝니다. 정말 안 바뀝니다. 그러나 또 사람은
바뀝니다.

지식이 사람을 바꿀까요? 직분이, 신앙 연수가, 프로그램,
훈련, 수련회가 사람을 바꿀까요? 만약 그런 것으로 사람이

변화된다면 지금 여기는 천국일 것입니다. 안 바뀝니다. 그런 것으로 바뀌는 것이 아닙니다. 방금 언급한 것들이 하나님께서 사람을 변화시키실 때 사용하시는 매우 유용한 도구가 될 수는 있지만, 그것 자체가 사람을 변화시키지는 않습니다.

사람을 변화시키는 것은 하나님의 은혜입니다. 은혜가 없으면 이 모든 것들을 아무리 쏟아 부어도 변화가 일어나지 않습니다. 그러나 은혜가 있다면, 하나님께서 은혜를 베푸신다면, 이 모든 것이 없어도 변화가 일어납니다.

그러면 도대체 어디에서 은혜를 받을 수 있습니까? 어떻게 해야 우리는 우리를 새롭게 변화시키는 이 은혜를 누릴 수 있습니까? 어디에 있습니까?

하나님께서 그 아들을 통하여 다윗에게 은혜를 주셨듯이, 하나님께서는 우리에게도 당신의 아들을 통하여 은혜를 주십니다. 그 아들에게 은혜가 있습니다. 오직 예수 그리스도뿐입니다. 예수 그리스도 안에 은혜가 있습니다. 우리가 그분을 믿을 때, 그분을 의지할 때, 그분과 함께할 때, 그분을 구주로 믿어 내가 그분 안에, 그분께서 내 안에 계실 때 우리는 비로소 참된 은혜를 받아 누리며, 은혜의 능력으로 변화를 경험합니다.

변화를 원하신다면 은혜를 간구하십시오. 예수 그리스도께서 죽으신 그 십자가를 바라보십시오. 그 십자가에서 내 죄를 대속하셨습니다. 예수 그리스도께서 부활하신 그 빈 무덤을 바라보십시오. 그분께서 부활하심으로 당신을 믿는 자에게 영생을 주셨습니다. 성령을 주시는 예수 그리스도를 바라보십시오. 그분께서 성령을 주셔서 우리로 하여금 능력으로 기쁨과 소망 가운데 살게 하실 것입니다.

15 다윗의 고통스러운 유산

삼하 13:37-39

'다윗'이라고 하면 어떤 이미지가 떠오르십니까? 유진 피터슨
은 다음과 같이 말합니다.

대부분의 유대인과 그리스도인의 마음속에 있는 다윗 이미지는

미켈란젤로가 대리석으로 조각한 다윗상에서 기인한다. 완벽한

인간의 육체를 지닌 다윗, 힘이 넘치는 흠 없는 인간 다윗을 그리

고 있다.[8]

많은 사람들이 가지고 있는 다윗의 이미지는 '완벽한 인간'
입니다. 실제로 다윗은 어려서부터 용맹한 용사였고, 위대한
승리를 거두었으며, 불굴의 의지로 어려움을 헤쳐 왔고, 강력

---

8 유진 피터슨, 『사무엘서 강해 - 이야기의 중심에 계신 하나님과의 만남』, 박성혁 역
(서울: 아바서원, 2016), 316.

하고 위대한 왕이 되어 큰 부와 권력을 손에 쥔 사람입니다. 무엇보다 그는 하나님을 사랑하고 예배하며 찬양한 경건한 사람이었습니다. 그래서 다윗은 육체적, 사회적, 영적, 신앙적으로 완벽한 성공을 이룬 위대한 인물로 그려질 때가 많습니다. 어쩌면 신앙과 세상 모두에서 완벽한 성공을 거두고 싶은 우리 욕망이 다윗을 더 크게 그리는지도 모르겠습니다.

그러나 성경에 기록된 다윗은 그렇지 않습니다. 다윗의 위대한 면모는 왕이 되기 이전에 집중됩니다. 그가 왕이 된 이후, 곧 그가 부와 권력을 손에 쥐고, 모두가 부러워할 만한 큰 성공을 거둔 이후에, 그는 오히려 심각한 죄와 실패를 반복합니다. 그 기점이 사무엘하 12장이었습니다. 사무엘하 12장 이후로 다윗의 인생은 영적 하락기에 접어듭니다. 그런데 겉으로는 아무 문제가 없었습니다. 그는 여전히 강력한 왕이었고, 그의 부와 권력은 날이 갈수록 더욱 강성해졌습니다. 그러나 그의 영혼은 점점 무너져 가고 있었습니다.

성경은 그 모습을 그대로, 다윗의 범죄와 실패를 가감 없이 기록합니다. 왜냐하면 다윗 역시, 하나님의 은혜가 필요한, 부족하고 모자란 한 명의 인간이며 죄인일 뿐이기 때문입니다. 그러므로 우리는 다윗의 실패와 실수를 잘 살펴봐야 합니다. 이는 두 가지의 큰 유익을 줍니다.

먼저는 다윗의 잘못을 살펴봄으로 우리 잘못도 돌아보는 반면교사의 유익이 있습니다. 다윗과 같은 사람이 그런 잘못을 저질렀다면 우리는 어떻겠습니까? 다윗의 잘못을 외면하려는 마음은 사실, 우리 잘못을 외면하려는 마음과 닿아 있습니다. 죄를 외면하는 것은 치명적인 질병을 외면하는 것보다 더 큰 해를 우리에게 가져옵니다. 다윗을 보며 우리 잘못을 깨닫는 교훈을 얻을 수 있습니다.

다음으로 이것이 가장 큰 유익인데, 죄인을 다루시는 하나님의 손길을 확인할 수 있습니다. 다윗의 죄는 우리에게 낯설지 않습니다. 그리고 다윗의 하나님이 우리 하나님이십니다. 다윗의 죄와 실패를 다루시며 다윗을 회복시키시는 그 하나님의 손길에서, 죄와 실패 가운데 쓰러진 우리를 향하신 하나님의 은혜를 기대할 수 있는 것입니다.

사무엘하 13장은 정말 입에 담기조차 불편한 이야기의 기록입니다. 다윗에게는 여러 아내가 있었습니다. 그 자녀들 중 압살롬, 다말, 그리고 암논, 즉 이복형제 사이에 끔찍한 사건이 일어났습니다.

암논이 다말을 향해 음욕을 품었습니다. 암논은 육체의 정욕에 눈이 멀어 다윗과 다말을 속이고, 다말을 강간합니다. 그리고 다말을 미워하고 쫓아냅니다. 한 사람, 그것도 자기 누이의 육체와 영혼을, 그녀의 인생 자체를 완전히 망가뜨렸습니다. 이 일은 다말의 동복 오빠 압살롬과 그들의 아버지 다윗에게까지 알려집니다. 다윗은 이를 알고 심히 노하고(삼하 13:21), 압살롬은 암논을 미워하지만, 별다른 대응 없이 잘잘못을 따지지 않고 넘어가는 듯이 보입니다(삼하 13:22). 아마도 압살롬은 다윗이 암논과 다말에게 합당한 조치를 취할 것을 기대했을 것입니다. 그러나 다윗은 그 이상 아무 일도 하지 않습니다. 만 2년이 지난 후 압살롬은 '양털 깎는 일', 곧 큰 잔치를 베풀고 암논을 초청합니다(삼하 13:23). 그리고 술에 취하여 즐거워하는 암논을 살해하고(삼하 13:28-29), 자신은 외할아버지에게로 도망갑니다(37절).

그런데 이 사건들을 다시 보면, 이 모든 일들이 다윗이 저질렀던 범죄와 매우 비슷하다는 것을 알 수 있습니다. 다윗이 밧세바를 보며 음욕을 품었듯이, 암논도 다말에게 음욕을 품었습니다. 다윗이 밧세바를 향해 가졌던 마음이 결코 허락될 수 없는 불의하고 부당한 감정이었듯이, 암논이 다말을 향해 가졌던 마음 역시 하나님의 법, 율법이 허락하지 않는 정당하지 않은 악한 마음이었습니다. 다윗이 밧세바와의 관계 후 밧세바를 외면하고 집으로 돌려보냈듯이, 암논도 다말을 미워하고 쫓아냅니다. 다윗이 밧세바의 남편 우리아, 곧 형제와 같은 전우이자 충성된 신하를 죽였듯이, 압살롬이 형제인 암논을 죽입니다. 아버지 다윗의 범죄가 그 아들들의 손에서 그대로 반복된 것 같습니다.

그러나 이는 단순한 반복이 아닙니다. 다윗의 범죄와 암논과 압살롬이 저지른 일 사이에 큰 차이가 있습니다. 범죄의 모습은 비슷한데, 그 결과는 너무나 달랐습니다. 다윗은 심각한 범죄를 저질렀지만 회복되었습니다. 그런데 아들들은 회복되지 못했습니다. 암논은 죽었고, 압살롬은 도망갔으며, 다말은 비참한 인생을 벗어나지 못했습니다. 특별히 압살롬은 이제 아버지 다윗을 향한 반역의 걸음을 시작하게 되고, 결국 비참한 죽음을 맞이합니다.

죄의 양상은 비슷한데, 죄의 결과는 너무나 달랐습니다. 그 이유가 무엇일까요? 무엇이 이토록 완전히 다른 결과를 낳았을까요? 다윗이 암논보다 더 착해서일까요? 다윗이 압살롬보다 더 관대해서일까요? 다윗이 그 아들들보다 더 높은 인격과 인내와 사랑을 가져서일까요? 아닙니다. 다윗도, 암논도, 압살롬도 모두 하나님 앞에서 심판 받아야 할 죄인이었습니다. 의인은 없나니 하나도 없고, 모두가 악한 죄인이었습니다. 그럼에도 불구하고 그들의 결말을 바꾼 것은 죄 문제를 대하는 아버지의 뜻과 조치 때문이었습니다.

우리는 두 아버지를 볼 수 있습니다. 바로 '아버지 하나님'과 '아버지 다윗'입니다. 자기 자녀의 죄를 대하는 모습에서 아버지 하나님과 아버지 다윗은 완전히 다른 모습을 보여 줍니다. 아버지의 차이에서 아들들의 인생의 차이가 결정된 것입니다.

다윗이 범죄 했을 때, 아버지 하나님은 다윗에게 선지자를 보내셨습니다. 다윗이 듣기 싫은 소리를 듣게 하셨습니다. 그의 죄를 지적하셨고, 질책하셨으며, 그가 죄를 깨닫게 하셨고, 그에게 회개를 촉구하셨습니다. 왜 그렇습니까? 아버지 하나님의 목적은, 아버지 하나님께서 당신의 아들 다윗에게 정말로 주고자 하신 것은 아들 다윗의 회복과 구원이기 때문입니다.

그런데 아버지 다윗은 어떻게 했습니까? 아들들의 끔찍한 죄악과 딸의 고통 앞에서 화만 내고 끝냈습니다. 아무런 후속조치를 취하지 않았습니다. 그들의 죄악을 질책하지도, 심판하지도 않았고, 고통받은 딸의 아픔을 돌아보아 그 아픔과 슬픔을 풀어 주지도 않았습니다.

단순한 부자지간의 정이라고 보기에는 다윗이 그들의 죄를 너무 가볍게 대합니다. 그는 끔찍한 범죄임에도 불구하고 왕위 계승자인 암논에게 더 이상 죄를 묻지 않았고, 그는 압살롬에게 형제를 죽인 죄를 지적하고 징계하며 회개를 촉구하기보다 빼어난 외모와 뛰어난 능력을 가진 그를 그리워합니다(39절). 왜 그렇습니까? 아버지 다윗의 목적은 그들의 회복과 구원도 아니고, 그들이 죄에서 돌이켜 거룩한 하나님의 사람으로 자라는 것도 아니며, 단지 자신의 왕권과 왕국을 유지하고 안정시키는 데 있었기 때문입니다.

아버지 하나님께서는 당신의 자녀에게 신앙과 복음을 주셨습니다. 당신의 말씀을 주셨고, 죄의 비참함을 깨닫게 하셨으며, 회개를 요구하셨고, 죄에서 구원하시고 영생을 주시는 하나님의 은혜, 죄 사함과 회복의 복음을 주셨습니다. 이를 통해 다윗도 밧세바도 회복되었습니다.

그런데 아버지 다윗은 자식들에게 복음이 아닌 다른 것을 주었습니다. 다윗이 자녀들에게 주고자 한 것은 왕자와 공주라는 부와 권력과 명예였습니다. 거대한 왕궁을 주었고, 자기 목적을 이룰 수 있는 뛰어난 지략을 주었으며, 원수를 죽이고 복수를 이루는 전쟁의 기술을 주었습니다.

하나님께서 주고자 하신 것은 구원과 죄 사함과 회복이었는데, 다윗이 주고자 한 것은 부와 권력, 곧 세상이었습니다. 그래서 어떻게 되었습니까? 아버지 다윗이 아들들에게 준 유산은 자녀들을 멸망의 길로 이끌었습니다. 그들을 망하게 했습니다. 자신은 하나님의 은혜를 받아 누렸는데, 자녀들에게는 그 신앙의 유산, 하나님 아버지의 선물을 전하지 않은 것입니다.

우리는 '믿음의 유산, 신앙의 유산'이라는 말을 자주, 그리고 쉽게 합니다. 도대체 무엇이 믿음의 유산입니까? 다윗의 부와 권력, 거대한 왕궁 역시 하나님께서 주신 것입니다. 그런데 다윗왕만 그런 것을 가진 것이 아닙니다. 인류 역사 가운데 존재했던 수많은 왕들, 하나님을 모르는 왕들도 거대한 왕궁을 가졌고, 막강한 권력을 누렸으며, 세상을 다 소유할 만한 부를 가졌습니다. 하나님께서 주신 것은 분명하지만 그것 자체가 믿음의 선물, 믿음의 열매일 수는 없습니다. 그렇다면 지금도 하나님을 알지 못하는 권력자들, 부자들, 인기인들, 학자들, 그들이 가진 것들은 어떻게 설명할 수 있겠습니까?

하나님께서 주시는 믿음의 선물은 하나님 자신이십니다. 하나님을 통하여, 복음을 통하여 얻게 되는 다른 그 무엇이 아니라, 하나님 그분 자신이, 그리고 그분의 말씀이 복이고 선물이며 은혜입니다. 하나님께서 우리의 아버지가 되셔서 그 모든 은혜의 선물을, 복을 우리에게 주시기를 기뻐하십니다. 우리를 사랑하시는 하나님 아버지께서 당신의 영원하고 완전한 능력과 지혜로, 바로 그 믿음을, 그 복음을, 당신의 말씀을 우리에게 주십니다.

그 복이 어디에 있습니까? 어떻게 해야 그 복을 받을 수 있습니까? 예수님을 구주로 믿을 때에 우리는 하나님의 자녀가 되며, 예수 그리스도 안에서 이 놀라운 아버지의 복을 온전히 받아 누릴 수 있습니다. 그 은혜와 그 복으로 저와 당신을, 오늘도 하나님 아버지는 그 아버지의 사랑으로 초청하십니다. 우리를 부르십니다.

바로 그것이 우리가 우리 자녀들에게 물려주어야 하며, 우리가 소중히 여겨야 할 진정한 믿음의 유산입니다. 당신은 자녀들에게 무엇을 물려주기 원하십니까? 우리가 우리 다음 세대에게 무엇을 물려주어야 할까요? 우리가 자녀들에게 물려주고자 하는 것이, 곧 우리가 가장 중요하게 여기는 것입니다. 다음 세대에게 물려줄 것을 고민하는 것은 미래에 대한 고민인 동시에 오늘 우리 현재에 대한 고민이기도 합니다. 이 둘은 분리할 수 없습니다. 우리는 지금 무엇을 가장 중요하게 여기고 있으며, 무엇을 우리 다음 세대에게 물려주고자 합니까?

우리나라와 이 땅의 교회만큼 놀라운 은혜를 경험한 교회와 나라가 없습니다. 하나님의 은혜로 눈부신 부흥을 이루었고, 나라가 발전하여 이만큼 잘살게 되었습니다. 우리 부모님 세대, 우리 조부모님 세대의 수고와 헌신, 눈물의 기도가 이 나라를, 이 나라의 교회를 이렇게 아름답게 세웠습니다. 그러나 만약 우리가 이것만 자녀들에게 남겨 준다면 다윗과 같은 실수를 반복하는 것입니다. 왕자와 공주, 권력과 부라는 선물은 남겨 주지만, 정작 하나님의 은혜와 믿음과 복음은 물려주지 않았던 그 실수를 반복하는 것입니다.

우리가 물려주어야 할 것은 믿음입니다. 복음입니다. 우리가 붙잡아야 할 것도 하나님 말씀이며 참된 신앙입니다. 하나님께서 주시는 다른 무언가가 아니라, 하나님을, 하나님을 믿는 믿음을 물려주어야 하고 계승해야 하며 붙잡아야 합니다.

16 희생 없는 용서, 눈물 없는 회개

삼하 14:25-33

다윗의 자식들 사이에서 끔찍한 일이 일어나고, 이로 말미암아 압살롬이 도망간 지 3년이 됐습니다(삼하 13:38). 당신은 어렵고 곤란한 문제를 만나면 어떻게 반응하십니까? 왕위를 계승해야 할 아들이 큰 잘못을 저질렀고, 형제에게 죽임을 당했습니다. 형제를 죽인 아들은 그 뒤를 이어 왕위를 계승해야 합니다. 다윗에게는 그 압살롬에게 벌을 주는 것도, 용서하는 것도 매우 어려운 일이었을 것입니다.

다윗은 왕으로서 죄인을 벌하여 공의를 세워야 했습니다. 아버지로서 상처 받은 자녀를 위로하고, 실수하고 넘어진 아들을 용서하고 회복시켜야 했습니다. 그것이 다윗이 하나님 앞에서 왕으로서, 아버지로서, 그리고 신자로서 감당해야 할 책임이었고 의무였습니다.

그러나 다윗은 이 문제를 외면하고 회피했습니다. 다윗이 찾지 못할 만큼 멀고 깊은 곳으로 압살롬이 도망가지 않았습니다. 얼마든지 다윗은 그를 찾을 수 있었고 조치를 취할 수도 있었습니다. 그럼에도 불구하고 다윗이 3년이나 압살롬을 찾지 않은 것은 이 문제를 덮어 놓으려 했기 때문입니다.

죄는 죄를 먹고 자랍니다. 다윗에게는 자신과 자기 집안에 닥친 이 죄악과 실패를 끊을 수 있는 기회와 시간이 있었습니다. 3년 동안 압살롬을 벌할 수 있었고, 그에 합당한 처분을 내릴 수도 있었습니다. 압살롬 역시 자신이 저지른 잘못을 돌이키고 회개할 만한 기회가 충분히 있었습니다.

그러나 3년간 두 사람 모두, 그들 안에 일어난 죄에 대하여 아무 일도 하지 않았습니다. 그리고 결국, 죄를 먹고 자란 죄악이 이제는 다윗과 그의 가족만이 아니라 온 나라 전체를 어려움에 빠트립니다(삼하 15장).

죄 문제를 외면한 그 시간 동안 다윗은 이전과는 아주 다른 모습을 보여 줬습니다. 다윗에게서 '기도'가 사라졌습니다. 본문에 따르면 사무엘하 13장부터 다윗의 기도가 보이지 않습니다. 다윗은 죄 문제를 외면하면서 동시에 하나님도 외면한 것입니다.

하나님 말씀은 죄를 지적하고, 성령께서는 그 말씀을 통해 죄인이 죄를 깨닫게 하시며 그에게 회개를 촉구하십니다. 다윗은 하나님 앞에 나아가지 않았고, 압살롬을 하나님께로 데려오지도 않았습니다. 다윗은 단순히 죄를 외면하고 있는 것이 아니라 하나님 말씀과 성령의 일하심을 외면하고 있는 것입니다.

그러자 요압이 이 상황에 개입합니다. 하나님을 찾지 않으면, 하나님의 자리를 사람이 차지합니다. 하나님 말씀을 외면하면, 세상 지혜가 그 자리를 대신하고 맙니다. 요압은 압살롬 복귀를 위해 일을 꾸밉니다. 그는 드고아의 한 여인을 이용합니다. 이 여인에게 한 이야기를 지어 주고 다윗왕에게 전하게 합니다(삼하 14:2-3).

이야기는 단순합니다. 이 여인에게 아들이 둘 있었는데, 형이 동생을 죽였습니다. 사람들이 동생을 죽인 형도 죽여야 한다고 주장합니다. 그러면 두 아들이 다 죽고, 집안의 숯불이 꺼져 씨가 끊어지고 가문이 사라집니다(삼하 14:6-7). 이 이야기를 다윗에게 전하고, 다윗에게서 동생을 죽인 형을 죽이지 못하게 하겠다는 약속을 받습니다(삼하 14:11).

요압은 사무엘하 12장에서 선지자 나단이 다윗에게 했던 일을 흉내 내는 것이 분명합니다. 다윗이 범죄했을 때, 선지자 나단이 이야기로 다윗을 질책하고 회개로 이끌었습니다. 요압 역시 이 여인의 이야기를 통해 다윗에게 영향을 끼치려 한 것입니다.

그러나 이 두 일이 그 겉모습은 비슷하지만, 그 의도와 목적, 결과는 완전히 달랐습니다. 본질적으로 이야기의 근원이 다릅니다. 나단이 전한 이야기는 하나님께서 주신 것이고(삼하 12:1), 드고아 여인이 전한 말은 요압이 준 것이었습니다(삼하 14:3). 나단의 이야기는 다윗의 죄를 지적하고 책망하여 다윗이 회개하는 데 목적을 두었습니다. 그러나 드고아 여인의 이야기는 압살롬 복귀가 목적이었고, 다윗의 죄는 물론이고 압살롬의 죄 역시 지적하지 않습니다. 나단의 이야기는 다윗을 하나님 안에서 회복하게 합니다. 그러나 드고아 여인의 이야기는 다윗에게 심리적인 만족, 자기 합리화를 위한 변명과 면피, 정치적 안전을 도모할 뿐입니다. 드고아 여인의 이야기, 곧 요압의 조치는 어느 정도 성공을 거둔 것으로 보입니다. 이 이야기를 듣고 다윗이 압살롬을 예루살렘으로 돌아오게 하기 때문입니다(삼하 14:21).

그러나 이는 온전한 열매가 아니었습니다. 압살롬이 돌아오지만 다윗은 무려 2년간 압살롬을 만나지 않습니다(삼하 15:24, 28). 여전히 다윗은 압살롬과 압살롬의 죄를 외면합니다. 또다시 문제를 해결할 기회가 찾아왔지만, 다윗은 또 이 기회를 외면합니다. 압살롬을 불러 책망도, 용서도, 회복도 행하지 않습니다. 그냥 외면할 뿐입니다.

압살롬 역시 마찬가지입니다. 그는 예루살렘으로 돌아왔습니다. 그 역시 자신의 죄를 해결하고 모든 관계를 회복할 기회가 다시 찾아왔습니다. 그러나 2년간 그의 마음은 다른 곳에 있었습니다. 그의 목적은 오직 왕자의 권력을 되찾는 것이었습니다. 그는 자신의 빛나는 외모와 뛰어난 능력을 자랑했고(25-26절), '다말' 사건을 여전히 마음에 품고 있었으며(27절, 자기 딸의 이름을 끔찍한 고통을 당한 여동생— 아무리 예뻐도 —의 이름으로 짓는 것은 흔한 일이 아닙니다.), 심지어 자신의 행위에 대하여 회개나 반성이 아닌 당당함이 있었습니다(32절).

다윗은 압살롬을 용서했지만 용서하지 않았습니다. 다윗은 형식적인 용서, 정치적인 행동은 취했지만 진실한 용서를 베풀지 않았습니다. 압살롬은 아버지에게로 돌아왔지만 돌아오지 않았습니다. 그의 마음은 여전히 아버지를 떠나 있었고, 자신의 죄와 잘못에 대하여 어떤 회개도 반성도 없었습니다. 그저 자신의 정치적 야욕을 따라, 권력을 회복하기 위한 겉치장만 했을 뿐입니다.

용서는 희생, 곧 자기 부인과 인내가 필요합니다. 그러나 다윗은 희생 없이 용서의 명예만을 얻으려고 했습니다. 회개는 눈물이 있어야 합니다. 진심으로 마음을 쏟아 내고, 자기 죄의 더러움에 떨며, 울며 심판을 두려워함으로 마음과 생각과 행동을 돌이켜야 합니다. 그러나 압살롬은 그저 눈물 없이 회개의 유익만을 얻으려 했습니다.

그들은 그 모든 과정을 생략했습니다. 대신에 그들은 손쉬운 방법을 택했습니다. 아무 능력이 없는 겉모습만 취했습니다. 그들의 용서와 회개는 허물뿐이었습니다. 왜냐하면 둘 다 정말로 회복해야 할 것을 회복하지 않았고, 정말로 돌아와야 할 곳으로 돌아오지 않았기 때문입니다. 바로 하나님입니다.

그들을 움직인 것은 하나님 말씀이 아니었습니다. 그들을 움직인 것은 지금 왕인 다윗과 앞으로 왕이 될 것으로 예상되는 압살롬 모두에게 잘 보이기 위한 요압의 정치적 계략이었습니다. 진짜 문제는 하나님 앞에서 저지른 죄인데, 그 죄 문제는 어느 누구도 손대지 않고 그저 모두가 자신의 이익을 위해서만 움직입니다.

그들은 하나님께 돌아와야 했습니다. 그들은 하나님 말씀에 귀를 기울여야 했습니다. 다윗은 압살롬을 하나님 앞에서 용서해야 했고, 압살롬은 하나님 앞에서 자신의 죄를 돌이켜야 했습니다. 그러나 그들은 하나님 없는 용서와 하나님 없는 회개를 택했습니다. 다윗은 요압에게 귀를 기울일 것이 아니라 선지자와 제사장을 불러 하나님 말씀을 들어야 했고, 압살롬은 예루살렘으로 돌아올 것이 아니라 하나님의 성전으로 나아가야 했습니다. 두 사람 모두 권력이 있는 왕궁이 아닌 하나님께서 계시는 성전으로 나아와야 했습니다. 왜냐하면 하나님께서는 이미 용서와 회개와 화목의 길을 성전에 열어 놓으셨기 때문입니다. 바로 '제사'입니다.

참된 용서는 희생이 필요하고, 참된 회개는 눈물의 애통함이 있어야 합니다. 하나님께서는 용서를 위한 희생과 눈물의 회개를 제사에 두셨고, 이를 통해 용서와 회개와 회복을 사람들이 경험하게 하셨습니다.

그들은 하나님께로 나아와 자기 죄를 고백하고, 자기 죄를 대신하여 제물을 하나님께 드리는 죄 사함의 제사를 통하여 자신과 가족과 공동체의 죄 문제를 해결해야 했습니다. 제물의 피와 죽음을 보며 자신이 저지른 죄가 얼마나 크고 무서운지 깨달아야 했으며, 죄를 깨끗하게 하시는 하나님의 은혜를 경험해야 했습니다.

그들은 하나님 앞에서 화목과 화평의 제사를 드려야 했습니다. 그들의 죄를 대신하여 죽은 제물로 하나님과의 화평을 회복하고, 함께 그 제물을 나누어 먹음으로 참된 화목을 회복해야 했습니다. 그들은 하나님 앞으로 나아가야 했습니다. 하나님께로 나아와야 했습니다. 희생 제사를 통해 참된 용서를, 눈물의 회개를 통해 진정한 화목과 회복을 경험해야 했습니다.

우리도 마찬가지입니다. 우리에게 수많은 죄가 있습니다. 그러나 우리는 죄가 언급되는 것을 꺼립니다. 죄를 지적하고 죄가 드러나며 죄 문제를 심각하게 이야기하는 설교, 가르침, 교훈을 별로 좋아하지 않습니다. 그러나 죄 문제를 외면하는 것은 예수 그리스도를 외면하는 것입니다. 예수님은 우리 죄를 용서해 주시고, 우리를 그 죄와 사망의 비참함에서 건져 내시기 위해 오셨습니다. 우리가 우리를 가리켜 죄 없다 하고 우리 죄를 인정하지 않을 때, 우리는 진리를 외면하게 되고 예수님도 인정하지 않는 잘못을 저지르게 됩니다(요일 1:8).

그러나 정말로 중요한 것은 죄가 아닙니다. 중요한 것은 이 죄 문제를, 그리고 죄만이 아니라 우리 실패와 실수와 좌절과 낙심과 갈등과 분열을 '어떻게 해결하느냐'입니다.

우리는 이 모든 것을 하나님께 가져와야 합니다. 하나님의 은혜와 도우심으로 이를 풀어 나가야 합니다. 왜냐하면 하나님께서는 우리를 용서하시기 위하여 가장 큰 희생을 치르셨기 때문입니다. 당신 아들을 십자가에 내어 주셨습니다. 예수님은 그 아버지의 뜻에 순종하여 하늘 영광을 버리고 우리의 죄 짐을 대신 지셨습니다. 이보나 더 큰 희생이 어디에 있습니까? 예수님께서 우리를 위한 희생 제물이 되셔서 우리를 위한 죄 사함의 제사를 이루셨으니, 우리가 우리 죄를 용서함 받기 위해서는 하나님 앞으로, 그 아들 예수 그리스도의 십자가 앞으로 나아가야 합니다.

우리는 회개해야 합니다. 하나님 앞에서 참으로 눈물의 회개를 해야 합니다. 내 죄가 얼마나 크고 무섭고 더러운지 알아야 하고, 그 죄를 하나님께서 얼마나 싫어하시며, 그 죄에 대한 하나님의 심판이 얼마나 크고 무서운지 알아야 하고, 하나님 앞에 애통하며 내 죄를 내려놓고 주님의 은혜를 구해야 합니다.

이 일을 누가 하십니까? 예수님께서 우리에게 부어 주시는 성령님이 우리 안에서 이 일을 이루십니다. 오직 성령께서 우리 안에 역사하실 때, 그때에 비로소 우리는 참된 회개, 눈물의 회개를 주님 앞에 드릴 수 있습니다. 도대체 하나님 앞에서 뜨거운 눈물로 회개하며 마음을 새롭게 한 것이 언제입니까? 성령님의 뜨거운 역사를 온 몸과 마음으로 경험한 것이 언제입니까?

아들을 주시고 성령을 우리에게 부어 주신 하나님께서, 이 죄에서 우리를 건져 주시고 새 생명을 주십니다. 우리를 넘어뜨리고 절망하게 하는 모든 고통과 어려움에서 건져 주시며 극복할 능력을 더해 주십니다.

주님께서 우리를 부르십니다. 죄 가운데 넘어진 우리를, 좌절과 절망 가운데 신음하는 우리를, 해결할 방법을 찾지 못해 방황하는 우리를 부르십니다. 주님께로 나아와 그분의 은혜로, 그분의 도우심으로 새 생명을 얻고 새 힘을 얻어 하나씩 하나씩 앞으로 나아가는 것입니다. 주님 안에 진정한 해결이, 회복이, 도움이 있습니다.

17 믿음에 합당한 행함

삼하 15:1-6; 약 2:14-17

예루살렘으로 돌아온 압살롬은 "병거와 말을 준비하고 호위병 오십 명"을 세웠습니다(1절). 당시 이스라엘은 말 대신에 주로 '노새'를 이용했습니다. 말과 병거는 다른 나라의 앞선 문물이 었습니다. 압살롬은 지금 자신이 외국에서 들여온 발전한 기술력, 강력한 군사력을 과시하는 것입니다. 노새나 당나귀만 보던 사람들에게 크고 멋진 말, 그리고 그 말들이 끄는 병거가 어떻게 보였을까요? 얼마나 멋지고 강력하게 보였을까요.

'말과 병거'는 구약 성경 여러 곳에서 하나님을 거역하고 이스라엘을 괴롭히는 이방의 힘, 특히 애굽을 상징할 때가 많습니다. 이스라엘의 힘은 말과 병거가 아니라 하나님이십니다. 그러므로 이스라엘은 말과 병거가 아닌 하나님을 의지해야 합니다.

어떤 사람은 병거, 어떤 사람은 말을 의지하나 우리는 여호와 우리 하나님의 이름을 자랑하리로다 _시 20:7

도움을 구하러 애굽으로 내려가는 자들은 화 있을진저 그들은 말을 의지하며 병거의 많음과 마병의 심히 강함을 의지하고 이스라엘의 거룩하신 이를 앙모하지 아니하며 여호와를 구하지 아니하나니 _사 31:1

다윗이 할 일이 바로 그것이었습니다. 다윗은 군사를 훈련시키고 전쟁을 준비해야 했습니다. 그러나 다윗은 군대와 창과 칼이 이스라엘을 보호하고 이기게 하는 것이 아니라 오직 하나님만이, 하나님의 은혜와 능력이 이스라엘에게 승리를 가져다준다는 사실을 증거해야 했습니다. 자신이 직접 전쟁에 참여함으로, 혹은 하나님 앞에 기도하며 이를 증명하고, 백성들에게 이 사실을 알려 줘야 했습니다. 그런데 다윗이 지금 그 일을 하지 않습니다. 다윗이 하나님의 능력을 증거하지 않자, 압살롬이 그 틈을 비집고 들어와 이방의 힘, 곧 강력한 말과 병거를 자랑합니다. 사람들의 마음을 하나님과 다윗에게서 자신과 말과 병거로 옮기고 있습니다.

압살롬은 호위병 50명을 두었습니다. 왕의 행차를 모방한 것입니다. 왕의 행차는 단순한 행진이 아니라 왕의 위엄과 권세를 증명합니다. 이것 역시 다윗의 일이었습니다. 다윗은 이스라엘 왕입니다. 그런데 그 왕권은 하나님께서 주셨습니다. 그러므로 다윗의 왕권을 드러낸다는 것은 하나님의 왕권을 증명하는 일이기도 합니다.

다윗은 행차를 해야 했습니다. 백성들 사이를 다니며 하나님이 왕이시고 이스라엘을 다스리신다는 사실을 보여 주고 가르쳐야 했습니다. 그런데 그는 이 일도 하지 않았습니다. 진짜 왕이 다니지 않으니, 압살롬이 마치 왕처럼 다니며 사람들의 마음을 빼앗았습니다. 다윗이 왕의 일을 하지 않자 압살롬이 다윗을 몰아내고 스스로 왕이 되려 합니다.

압살롬이 '성문 길 곁'에 있었습니다(2절). 이곳은 매우 중요한 장소였습니다. 사람들이 그저 오가는 단순한 문이 아니었습니다. 바로 그곳에서 '재판'이 이루어졌습니다. 당시의 재판은 단순히 사람들 사이에서 시시비비를 가리는 것 이상의 의미를 가졌습니다. 당시의 재판은 하나님께서 당신의 백성들을 돌보시고 다스리시는 매우 중요하고 실제적인 수단이었습니다. 하나님께서는 이 재판을 통해서 백성들의 억울함을 풀어 주셨고, 정의와 공의를 행하셨습니다. 그러므로 이스라엘의 지도자, 특히 왕에게는 이 재판이 가장 중요한 특권이자 반드시 해야 할 의무였습니다.

그 재판의 자리에 다윗이 없습니다. 재판하러 온 사람들을 향해 압살롬이 이렇게 말합니다. "네 송사를 들을 사람을 왕께서 세우지 아니하셨다"(3절). 압살롬이 악인인 것은 분명하지만, 이 말이 사실인 것도 분명합니다. 왕이 재판의 자리에 있지 않고, 재판할 사람을 보내지도 않았습니다. 다윗이 있어야할 자리, 지켜야 할 자리에 있지 않았습니다. 하나님께서 맡기신 가장 중요한 특권과 의무를 다하지 않았습니다. 다윗은 백성들을 사랑하고 돌봐야 하는 그 사명을 지키지 못했습니다.

그러나 그 자리에 압살롬이 있었습니다. 압살롬이 온 백성을 향하여 선포합니다. "내(압살롬)가 이 땅에서 재판관이 되어 정의를 행하겠다. 다윗은 재판장으로서의 책임을 다하지 않고 있다. 그래서 정의로운 너희가 고통을 당한다. 이제 내가 재판장이 되어 정의를 이루겠다"(3-4절). 사람이 절하려 하면 압살롬이 손을 펴서 그를 붙들고 입을 맞춥니다. 사람이 자신에게 절하기 전에 먼저 허리를 굽혀 겸손히 나아가 입을 맞춰 사랑과 호의와 친절을 표합니다(5절). 이와 같이 하여 압살롬이 사람들의 마음을 훔칩니다(6절). 다윗에게 가야 할 사랑과 존경이 압살롬에게 향했습니다. 하나님께 올려 드려야 할 찬송과 감사와 경배가 압살롬에게로 돌아갔습니다. 압살롬의 세력이 점점 더 커지고 강해졌습니다(삼하 15:12). 결국 압살롬은 반역을 일으켜 스스로 왕의 자리에 앉습니다. 다윗은 모든 영광을 잃어버리고 아들에게 쫓기는 비참한 신세가 되고 맙니다.

압살롬이 악인이라는 사실은 분명합니다. 그런데 압살롬의 악이 자랄 수 있는 양분과 터전은 다윗이 제공했습니다. 다윗이 할 일을 하지 않았기 때문입니다. 다윗은 하나님께서 자신에게 맡기신 사명을 제대로 감당하지 않았습니다. 그는 하나님께 정말 많은 것을 받았습니다. 그러나 다윗은 하나님께서 주신 것을 누리기는 했지만, 하나님과 하나님의 백성들을 위하여 하나님께서 주신 힘, 시간, 물질, 수고 어느 것도 하나님께 드리지 않았습니다.

그래서 누가 손해를 봤습니까? 하나님이 손해 보셨습니까? 아닙니다. 하나님은 하나도 손해 보지 않으셨습니다. 다윗이 손해를 봤습니다. 하나님께서 맡기신 사명을 감당하지 않아서, 하나님 앞에서 합당한 삶을 살지 않아서, 다윗은 왕으로서의 영광과 권위와 존귀를 다 잃어버리고야 말았습니다. 악인이 그 모든 것을 가로챘습니다.

예수님을 믿고 구원을 받은 우리는 새로운 정체성을 받았습니다. "택하신 족속이요 왕 같은 제사장들이요 거룩한 나라요 그의 소유가 된 백성"입니다(벧전 2:9). 이 이름들은 구약 시대에는 오직 이스라엘에게만, 이스라엘 중에서도 특별한 자들에게만 주어진 매우 특별한 호칭입니다. 오직 이스라엘 사람들만 하나님의 '택하신 족속'이라는 이름을 얻을 수 있었습니다. 오직 다윗과 그 후손들만 '왕'이 될 수 있었고, 오직 아론의 후손들만 '제사장'이 될 수 있었습니다. 오직 아브라함의 후손만 세상과 구별된 거룩한 나라가 될 수 있었고, 하나님의 소유된 백성이 될 수 있었습니다.

그런데 이제, 하나님께서 예수님을 믿는 우리에게 이 이름을 주셨습니다. 오직 아브라함의 후손과 다윗과 모세와 아론만 받을 수 있고 누릴 수 있던 그 놀라운 이름을, 특권을 우리에게 주신 것입니다. 우리에게 새로운 신분이 생긴 것입니다.

왜 주셨습니까? "이는 너희를 어두운 데서 불러 내어 그의 기이한 빛에 들어가게 하신 이의 아름다운 덕을 선포하게 하려 하심이라"(벧전 2:9). 우리를 구원하신 하나님의 아름다운 덕을 온 땅 가운데 선포하게 하려 하심입니다. 구원은 우리에게 새로운 정체성을 주었고, 새로운 정체성은 우리에게 새로운 사명, 즉 새롭게 할 일을 주었습니다.

구원은 단순한 심리적 변화 혹은 지식 축적이 아닙니다. 구원은 정체성의 변화입니다. 새로 태어나는 것, 곧 중생입니다. 구원은 새로운 삶의 모습을 일으킵니다. 실제로 전인격의 총

체적 변화가 일어나는 것이며, 마음, 생각, 지식, 의지, 실제 삶, 행위 등 모든 것이 복음으로 새로워지는 것입니다.

우리는 왕입니다. 그래서 하나님의 통치를 실현하며 이 땅 가운데 하나님께서 왕이심을 드러내야 합니다. 우리는 제사장입니다. 우리는 하나님께 예배를 드려야 하고, 다른 사람들을 그 예배의 자리로 부르며, 그들의 예배를 도와야 합니다. 우리는 거룩한 나라입니다. 세상과 구별된 존재입니다. 세상과 함께 썩어져 가는 악의 구습을 따르는 것이 아니라, 거룩하고 성결한 삶으로 이 세상을 변화시켜 가야 합니다. 우리는 하나님의 소유입니다. 우리의 주권은 우리에게 있지 않습니다. 우리의 주권은 하나님께 있으며, 하나님께서 당신의 일을 이루시는 그 일에 우리를 전적으로 사용하시도록 우리를 하나님께 맡겨 드려야 합니다. 그것이 우리에게 주어진 새로운 정체성이며, 새로운 사명이며, 새로운 삶입니다.

우리가 이 사명을 감당하지 못할 때, 그 피해와 손해는 우리에게 돌아옵니다. 그 이름의 영광을 잃어버립니다. 그리고 그 모든 영광은 악인에게로 돌아갑니다. 우리가 하지 않으면, 악인이 그 자리를 빼앗을 것입니다. 우리가 합당한 행위로 하나님께 영광을 올려 드리지 않으면, 세상이 그 일을 빼앗아 하나님의 영광을 가로챌 것입니다.

야고보는 이러한 위험성을 너무나 잘 알고 있었습니다. 야고보의 말씀은 사실 우리의 믿음과 삶을 뒤흔듭니다. "그 믿음이 능히 자기를 구원하겠느냐"(약 2:14). 구원받지 못하는 믿음이 있다는 것입니다. 어떤 믿음입니까? 믿는다고 하지만 믿음과 상관없이 사는 믿음입니다. 예수님을 믿는다 하지만 예수님 닮기를 거부하는 믿음입니다. 성령을 믿는다 하지만 성령의 역사에 참여하지 않는 믿음입니다. 하나님을 믿는다 하지만 그 말씀을 따라 살기를 거부하는 믿음입니다. 그 믿음은 처음부터 구원과는 상관없는 믿음입니다. 그저 지식만, 그저 형식만 가지고서 믿음을 가졌다고 말할 수 없습니다.

박영호 목사님이 쓰신『우리가 몰랐던 1세기 교회』라는 책이 있습니다. 이 책에는 초대 교회에 관한 아주 흥미롭고, 또 우리에게 큰 교훈과 은혜를 끼치는 내용들이 많이 담겨 있습니다.[9] 초대 교회가 역사 가운데 처음 등장했을 때, 그 주변 사회는 큰 충격을 받았습니다. 당시 사람들이 일반적으로 알던 종교와 너무나 달랐기 때문입니다. 그들에게 종교는 어떤 숨겨진 지식을 특별한 방법을 통해 알고, 정해진 형식을 잘 지켜 원하는 것을 얻는 것이었습니다.

---

9 이후 초대 교회에 관한 내용들은 박영호 목사님의『우리가 몰랐던 1세기 교회』(서울: IVP, 2021)에서 여러 곳을 요약, 참고한 것입니다.

그런데 기독교는 전혀 새로웠습니다. 기독교 역시 바른 지식을 주장했습니다. 하지만 그 지식은 숨겨져 있는 것이 아니라 책으로 공개되었고 모두에게 전해졌습니다. 무엇보다 그 지식은 삶의 모습을 실제로 바꾸었습니다. 당시 사람들은 그저 종교적 형식, 곧 제의만 잘 지키면 된다고 생각했습니다. 그런데 기독교는 아니었습니다. 기독교에서 말하는 바른 행위는 종교적 제의와 형식을 지키는 것이 아니라 그 말씀대로 사는 것이었습니다. 제의를 넘어서는 삶이고, 신전을 넘어서는 일상이었습니다. 삶과 분리되는 것이 아니라 믿음이 삶 안으로, 삶이 믿음 안으로 들어와 하나가 되는 것이었습니다.

가장 분명한 첫 번째 변화는 가정에서 일어났습니다. 당대의 가정은 권위적이고 제왕적인 아버지가 지배하는 공간이었습니다. 성인 남자를 제외한 모든 사람은 존중받지 못했고 어떤 권리도 없었습니다. 가정에서조차 철저하게 계급이 나뉘었습니다. 노예들에게는 직장이었고, 억압의 장소였습니다. 평화와 안식이 없었습니다. 그런데 기독교가 가정을 변화시키기 시작했습니다. 어른부터 아이까지 주님 안에서 한 형제가 되었습니다. 여자들이 중요한 일을 맡기 시작했습니다. 심지어 노예도 주인과 함께 한 상에서 성찬을 받아먹으며 한 형제 됨을 증거했습니다. 글로 기록된 '서로 사랑하라'는 말씀이 실제로 그들의 삶과 가정을 바꾸었습니다. 가정이 바뀌자 사회와 국가가 바뀌었습니다.

그래서 기독교는 당시에 '종교'가 아니라 일종의 '운동'으로 여겨졌습니다. 실제로 사람들이 말씀대로 살았기 때문입니다. 그들은 실제로 사랑했고, 용서했으며, 용납했고, 헌신했습니다. 가족에게마저 외면당한 병자들을 돌보았고, 버림받은 고아와 과부를 구제하였으며, 가난한 중에도 자신의 물질을 드려 같은 믿음을 가진 형제를 돕고, 선교를 후원했으며, 말씀대로 살기 위해 박해와 핍박을 기꺼이 받아 견디고, 믿음을 지키기 위해 자신을 드렸습니다. 실제로 예수님을 닮아 가며 따라가는 사람이 그리스도인이었습니다. 이것이 초대 교회의 영광이며, 우리가 회복해야 할 교회의 영광입니다.

오늘 우리의 모습은 어떠합니까? 우리 믿음은 실제로 살아 역사하는 능력의 믿음입니까? 아니면 그저 지식입니까? 그저 형식은 아닙니까? 믿음에 합당한 삶의 열매, 변화의 열매가 나타나고 있습니까? 우리의 예배가, 우리의 삶이, 언어 생활이 어떻게 변화되고 있습니까? 어디에 우선순위를 두고 계십니까? 하나님께서 우리에게 맡기신 사명을 감당하고 있습니까? 이를 위해 기꺼이 나의 몸과 시간과 물질을 하나님 앞에 드리고 있습니까?

우리가 하지 않으면 아무 일도 일어나지 않습니다. 우리가 하지 않으면 그 영광과 복을 악인이 가로챕니다. 그러나 우리가 행할 때에, 우리가 움직일 때에, 우리가 하나님 앞에 우리 자신을 드릴 때에, 하나님께서는 우리를 더욱 복되게 하시며 영광스럽게 하실 것입니다. 우리가 할 일이 많습니다. 주신 것도 많으니 감당할 일도 많습니다. 기꺼이 우리를 드림으로써 그 사명을 감당할 때, 하나님의 영광과 복을 우리에게 더하실 것입니다.

18

광야에서 만난 친구

삼하 15:23

많은 이스라엘 백성들의 마음이 압살롬에게로 향했습니다(삼하 15:12-13). 압살롬은 힘을 얻었고, 반대로 다윗은 다시 도망자 신세가 되고 말았습니다(삼하 15:14).

큰 어려움을 당할 때 진짜 친구와 가짜 친구가 드러나는 법입니다. 다윗에게 이러한 일이 일어났습니다. 먼저, 친구 같았는데 실제로는 아니었던 사람이 드러났습니다. 바로 '아히도벨'입니다. '아히도벨'은 아마도 밧세바의 할아버지였을 것입니다. 그렇다면 다윗은 손주 사위, 곧 가족입니다. 그런데 아히도벨은 압살롬이 반역을 일으킬 때, 가장 먼저 다윗을 버리고 압살롬을 지지했습니다(삼하 15:12). 아히도벨은 평범한 사람이 아니었습니다. 그의 계략은 하나님께서 주신 지혜로 여겨졌으며, 다윗과 압살롬 모두 그를 절대적으로 의지했습니다(삼하 16:23). 그런 사람이 다윗을 버리고 압살롬을 택했습니다.

다윗은 자신의 머리를 잃어버린 것이고, 압살롬은 바로 그 머리를 가진 것입니다. 이 상징성은 정말 큽니다. 아히도벨은 가족이자 동료, 신하로 가장 가까운 친구 같았습니다. 그러나 어려움에 처한 다윗의 친구가 되기를 거부했습니다. 그는 가짜 친구였습니다.

광야로 나아가는 다윗에게 진짜 친구들이 한 명씩 드러납니다. 다윗의 첫 번째 친구는 가드 사람 '잇대'였습니다. '가드'는 그 유명한 골리앗의 고향입니다. 잇대는 이스라엘의 오랜 원수인 블레셋 사람, 곧 이방인입니다. 그러나 여러 신하들이 다윗을 따를 때, 잇대도 자신의 부하들과 함께 다윗을 따릅니다(삼하 15:19). 다윗은 잇대에게 '왕궁으로 돌아가라'라고 말합니다(삼하 15:19). 다윗 자신보다 압살롬에게 충성하는 것이 그와 그의 부하들의 미래를 더욱 안정적으로 만드는 일이기 때문입니다(삼하 15:20). 그러나 잇대는 다윗을 계속하여 따릅니다.

여호와의 살아 계심과 내 주 왕의 살아 계심으로 맹세하옵나니 _

삼하 15:21

잇대가 다윗과 함께하기로 결정한 것은 하나님 때문이었습니다. 그는 이스라엘에 살면서 이방인임에도 불구하고 하나님을 알았습니다. 그리고 '여호와 하나님의 살아 계심'을 믿었고, 다윗의 생명이 '하나님께 달려 있음'도 알았습니다. 하나님을 믿는 믿음으로 다윗과 함께하기로 결정합니다. 이방인 잇대가 지금 이스라엘 왕 다윗에게, 자신의 삶으로 하나님의 살아 계심을 증거합니다.

다윗이 신하들과 함께 큰 소리로 울며 광야 길로 향했습니다(23절). 그런데 그 순간, 너무나도 아름답고 영광스러운 물건이 그의 눈에 들어왔습니다. 바로 하나님의 언약궤입니다(삼하 15:24). 다윗의 두 번째 친구는 '사독'과 '아비아달', 그리고 '레위인들'이었습니다. 그들은 하나님의 언약궤를 메어다가 내려놓고 다윗을 기다리고 있었습니다(삼하 15:24). 그들은 가드 사람 잇대처럼 전쟁을 할 만한 사람들이 아닙니다. 아히도벨처럼 정치적인 모략이 뛰어난 사람들도 아닙니다. 어떻게 보면 다윗에게 당장 필요한 도움을 줄 수 있는 자들이 아닙니다. 그들은 그저 하나님을 섬기는 사람들입니다. 그들은 하나님께 예배를 드리는 자들이며, 그들은 그저 하나님의 언약궤를 다윗에게 보여 줄 뿐입니다. 하나님의 언약궤는 하나님께서 이스라엘 가운데 임재하시고, 하나님께서 말씀으로 이스라엘을 다스리시며, 하나님의 권능의 팔이 이스라엘을 돌보시고, 하나님의 영이 이스라엘을 이끌고 계신다는 사실을 증거합니다.

다윗은 한동안 하나님을 잊고 지냈습니다. 그는 하나님께서 맡기신 사명을 잃어버렸고, 영적으로 나태해졌습니다. 사실 지금 다윗이 겪는 모든 고통의 원인은 바로 여기에 있었습니다. 그러므로 다윗에게 정말로 필요한 것은, 하나님을 다시 만나는 것이었습니다. 말씀으로 인도하시는 하나님, 그 은혜의 손길로 덮어서 보호하시는 하나님, 그 하나님을 다윗은 다시 만나야 했습니다. 지금 사독과 레위인들과 아비아달은 다윗에게 바로 그 하나님을 보여 줍니다. 다윗의 눈길을, 마음과 발걸음을 하나님께로 향하게 합니다. 그러자 다윗이 그 앞에서 다시 하나님을 만납니다.

다윗은 언약궤를 예루살렘으로 돌려보냅니다(삼하 15:25). 이전에 이스라엘 사람들은 하나님의 언약궤를 우상처럼 다루었습니다. 언약궤만 있다면 전쟁에서 승리할 것이라고 믿었습니다. 하나님을 사랑하지도, 하나님께 마음을 드리지도 않고, 그저 하나님을 이용하려고만 했습니다. 그러나 결과는 대패였습니다.

다윗은 지금 그 실수를 반복하지 않습니다. 하나님께서 기뻐하시는 바른 선택을 내립니다. 다윗은 하나님의 사랑과 능력이 무엇인지 기억해 냈습니다. 하나님의 능력은 눈에 보이는 언약궤의 위치에 달려 있는 것이 아니라, 온 땅을 덮는 것임을 기억했습니다. 하나님을 이용하는 것이 중요한 것이 아니라, 하나님을 찾고, 하나님을 사랑하고, 하나님을 의지하는 것이 중요한 것임을 깨달았습니다(삼하 15:25). 그리고 다윗은 드디어 하나님 앞에 무릎을 꿇었습니다. 다윗이 다시 기도합니다(삼하 15:31). 다윗은 상당 시간 동안 기도하는 모습을 보여 주지 않았습니다. 그런데 이제 드디어 다윗이 기도합니다. 하나님을 찾고, 하나님 앞에 무릎을 꿇고, 하나님의 은혜를 간구합니다. 다윗이 큰 환난과 고통 속에 있을 때, 친구들은 그에게 하나님을 보여 줬고, 그의 마음과 발걸음을 하나님께로 이끌었습니다.

그리고 다윗의 세 번째 친구가 등장합니다. 바로 '후새'입니다(삼하 15:32). 이 후새야말로 다윗의 친구였습니다(삼하 15:37). 아마도 이 '다윗의 친구'라는 말은 그 당시 어떤 직책이었을 것입니다. 그는 아히도벨의 배신으로 공석이 된 다윗의 자문이 되었고, 그의 뛰어난 지혜와 능력으로 다윗을 구체적으로 돕습니다. 후새는 다윗의 간절한 기도에 대한 하나님의 응답이었습니다. 하나님께서 다윗을 붙잡고 계시며, 보호하시고 인도하신다는 사실을 알려 주는 눈에 보이는 증거였습니다.

다윗의 세 친구들은 서로 많이 달랐습니다. 이방인과 유대인, 성직자와 군인, 정치인이었습니다. 나이도, 신분도, 직업도 다 달랐습니다. 그런데 그들은 모두 다윗의 친구로서 공통점이 있었습니다. 그들은 모두 다윗에게 하나님을 보여 주었습니다. 하나님을 알려 주고, 하나님의 도우심을 실제로 다윗이 누리도록 다윗을 도왔습니다.

가장 좋은 친구는 어떤 친구일까요? 고통 속에서 나를 버리지 않고, 나에게 살길을 알려 주며, 실제로 도움을 주는 친구가 가장 좋은 친구입니다. 그러면 우리의 완전한 도움은 어디에 있습니까? 어디에 우리의 영원한 구원과 생명이 있습니까? 바로 하나님이십니다. 그러므로 나를 하나님께로 인도하는 친구, 나에게 하나님을 보여 주는 친구, 나로 하여금 하나님과의 관계를 회복하도록 실제로 돕는 친구가 가장 좋은 친구입니다. 다윗은 비록 고통과 슬픔으로 다시 광야로 나갔지만, 바로 그때 그러한 친구들을 얻는 복을 받았습니다.

당신에게는 이런 친구가 있습니까? 저는 사실 친구가 그리 많지 않습니다. 신학교에 가면서 이전의 친구들을 다 잃어버렸습니다. 그러나 하나님께서는 놀랍고 새로운 친구들을 주셨습니다. 바로 신학교에서 만난 동기들, 사역의 현장에서 만난 여러 동역자들, 믿음의 성도들입니다.

제게는 그 외에도 좀 더 특별한 친구가 있습니다. 예전에 사역을 완전히 중단하고 다른 길을 찾으려 한 때가 있었습니다.

교회가 더 이상 제게 기쁨과 사랑이 되지 않았고, 목회 자체에 대해 심각한 회의에 빠졌습니다. 그때 정말 특별하고 귀한 친구를 만났습니다. 바로 '책'입니다. 그때부터 저는 책을 읽기 시작했습니다. 그리고 책 속에서 시간과 공간을 뛰어넘는 정말 귀한 친구들을 만났습니다.

아우구스티누스는 제게 하나님의 영광과 위대하심을, 칼뱅은 제게 성경 곧 하나님의 말씀을 가르쳐 주었습니다. 마틴 로이드 존스는 제게 하나님 말씀의 위엄을, C. S. 루이스는 하나님 은혜의 측량할 수 없는 깊음을, 존 스토트는 예수 그리스도의 십자가와 복음의 능력을, 존 파이퍼는 끊임없이 뿜어져 나오는 하나님을 누리는 기쁨을, 옥한흠은 주님의 교회와 제자도를 알려 주었습니다. 청교도들은 믿음의 실체와 믿음으로 사는 삶이 무엇인지 알려 주었고, 여러 신학자들과 목사들과 성도들의 책은 저를 믿음 안에 머물도록, 흔들리고 넘어지고 포기하려던 저를 붙잡아 주었습니다.

기독교는 원래 책의 종교입니다. 하나님 말씀이 구약 성경과 신약 성경으로 기록되었고, 예수님은 육체가 되신 하나님의 말씀이시며, 성령의 감동으로 성경이 기록되었습니다. 성경은 기독교의 모체이며 본질이고, 그 성경을 해석하고 전하기 위해 쓰인 수많은 책들을 통해 기독교 복음이 전파되었고 교회가 부흥하였으며 신자들이 믿음을 키우고 지켰습니다.

교회 역사 가운데 가장 중요한 활동은 성경 읽기와 묵상, 그리고 깨달은 바를 삶 속에서 행하는 것입니다. 그러나 현실은 전혀 그렇지 않습니다. 작년 한 해 동안 성인 44%가 책을 한 권도 읽지 않았고, 한 달에 한 번도 성경을 안 보는 비율이 기독교인의 34%라고 합니다.[10]

지금도 저는 제게 하나님을 알려 주고, 성경을 깨닫게 해 주며, 제가 성령의 충만함을 누리도록, 제게 끊임없이 하나님을 알려 주는 친구들과 함께 광야를 지나가고 있습니다. 당신도 그런 친구를 만나시면 좋겠습니다.

친구가 없습니까? 그러나 전혀 걱정할 필요가 없습니다. 왜냐하면 이미 우리에게는 가장 좋은 친구가 있기 때문입니다. 사람, 책과는 비교할 수 없는 좋은 친구가 이미 있습니다.

사람이 친구를 위하여 자기 목숨을 버리면 이보다 더 큰 사랑이 없나니 너희는 내가 명하는 대로 행하면 곧 나의 친구라 이제부터는 너희를 종이라 하지 아니하리니 종은 주인이 하는 것을 알지 못함이라 너희를 친구라 하였노니 내가 내 아버지께 들은 것

---

10 목회데이터연구소, "한국인의 독서 실태," 넘버즈 제114호(2021).

예수님께서 자기 목숨을 버리는 가장 큰 사랑을 우리에게 베풀어 주셨습니다. 하나님 아버지의 말씀을 우리에게 다 들려주셨고, 알려 주셨습니다. 주님께서 우리에게 명하신 대로 행하면 우리가 주님의 친구입니다.

그분이 하나님 아버지께로 우리를 인도하시는 길이시고, 우리에게 하나님을 알려 주시는 진리이시며, 우리를 하나님의 생명으로 살게 하시는 생명이시니(요 14:6), 예수 그리스도야말로 우리의 진정한 친구이십니다. 예수님께서 우리에게 충만히 부어 주신 성령님이 우리의 친구이십니다. 그분은 보혜사이시고(요 14:16), 위로자이시며, 인도자이시고, 기쁨과 능력의 근원이십니다. 삼위일체 하나님이 우리의 친구이십니다.

이제 예수님의 친구인 우리가 할 일이 하나 있습니다. 이제는 친구가 되는 것입니다. 이제 당신이 누군가의 진정한 친구가 되십시오.

세상에는 많은 친구가 있습니다. 그런데 최고의 친구는 '하나님을 소개해 주는 믿음의 친구'입니다. 왜냐하면 이 믿음의 친구야말로 길을 잃어버려 헤매는 자에게 길을, 진리를 몰라 답답한 자에게 진리를, 생명을 잃어버려 죽어 가는 자에게 영생을, 쓰러진 자에게 무엇보다 강력한 힘을, 낙심한 자에게 완전하고 충만한 위로를, 절망한 자에게 소망을, 슬퍼하는 자에게 기쁨을 줄 수 있기 때문입니다. 이 모든 것이신 예수 그리스도를 알려 줄 수 있기 때문입니다.

이제 당신이 친구가 되십시오. 하나님을 소개하시고, 그들을 예수님께로 인도하십시오. 가정에서 배우자에게, 자녀들에게 하나님을 보여 주는 친구가 되십시오. 직장에서 학교에서 세상 속에서 하나님을 소개하는 생명의 친구가 되십시오. 이런 친구 있다면, 우리의 광야 같은 인생길을 갈 만하지 않겠습니까? 예수님이 우리의 친구 되시니, 예수님 손 붙잡고 나아갑시다. 친구와 함께 믿음의 길을 나아갑시다.

19 상한 갈대와 꺼져 가는 심지

삼하 16:9-14

사무엘하 16장에는 다윗을 깊은 절망에 빠뜨리고, 낙심하게 만들며, 완전히 무너뜨린 세 가지 공격이 기록되어 있습니다.

첫 번째는 므비보셋의 배신입니다. 므비보셋은 사울의 손자입니다. 원수의 후손이고 후에 화근이 될 수 있었지만, 다윗은 므비보셋을 왕자처럼, 아들과 같이 대했습니다(삼하 9장). 다윗이 보여 줄 수 있는 최고 호의와 사랑을 베풀었습니다. 그런데 므비보셋의 종 시바가 전한 소식은 충격적이었습니다. 므비보셋이 다윗을 배신하고 사울의 왕국을 재건하려 한다는 것입니다(삼하 16:3). 다윗의 사랑, 친절, 용서와 자비가 모두 물거품이 되어 버렸습니다. 이는 후에 시바의 거짓말로 드러나긴 합니다. 그러나 그것은 사실 중요하지 않습니다. 이 소식 자체가 당시 다윗에게는 큰 충격이었습니다.

두 번째는 시므이의 모욕과 저주입니다. 시므이 역시 사울의 친족 중 한 사람이었습니다(삼하 16:5). 시므이는 다윗을 뒤따르면서 돌을 던지며 모욕하고 저주했습니다(삼하 16:6-8).

사울은 실패한 왕이었습니다. 사울은 왕이었지만 왕으로서의 사명을 감당하지 않았고, 무엇보다 하나님 말씀에 불순종하며 하나님을 저버린 사람이었습니다. 다윗이 그를 죽이지 않았습니다. 그는 전쟁 중에 전사했을 뿐입니다. 오히려 다윗은 사울을 죽일 수 있을 때 살려 줬고, 사울의 죽음을 애통해했습니다.

하나님의 심판을 받은 사람은 다윗이 아니라 사울이었습니다. 다윗이 사울을 공격한 것이 아니라, 사울이 다윗을 죽이려 했습니다. 다윗은 하나님 마음에 합한 사람이었고, 사울은 하나님께 버림받은 사람이었습니다.

그런데 시므이는 그 모든 것을 부정합니다. 왕이 되기까지 다윗이 겪었던 수많은 고생과 용서와 결단과 업적이 송두리째 부정당합니다. 무엇보다 다윗의 믿음이 부정당합니다. 다윗은 지난 모든 시간을 하나님을 믿는 믿음으로 버텨 왔습니다. 하나님의 약속을 믿었으며, 하나님 말씀에 순종했고, 하나님께서 기뻐하시는 일을 하기 위하여 애썼습니다. 다윗이 하나님을 사랑했고, 하나님께서 다윗을 사랑하셨습니다. 그런데 시므이는 그러한 다윗의 모든 믿음을 부정하며 이렇게 말한 것입니다. "너는 하나님 앞에 심각한 죄를 지었고, 그래서 하나님의 저주를 받는 것이다. 하나님이 너를 미워하신다"(삼하 16:8).

세 번째는 압살롬과 아히도벨에게 당한 공격입니다. 아히도벨의 부추김에 넘어간 압살롬이 너무나 끔찍한 패륜을 저지릅니다. 다윗이 궁에 남기고 간 후궁들과 동침합니다(삼하 16:22). 왕의 후궁들은 왕의 아내들입니다. 압살롬은 지금 아버지의 아내들과 관계를 맺은 것입니다. 왕으로서는 물론이고, 아버지로서의 다윗의 자존심과 지위와 권위가 송두리째 무너지고 모욕당했습니다. 압살롬에게 다윗은 더 이상 왕도 아니었고, 아버지도 아니었습니다.

압살롬은 레위기에서 엄히 금지된 근친상간의 죄를 범했습니다(레 18:8; 신 22:30). 이 죄는 죽임을 당해야 하는 매우 악한 것입니다. 압살롬은 지금 아버지를 모욕하는 동시에 하나님 말씀을 정면으로 거부하는 불신앙의 죄를 함께 저지르고 있는 것입니다. 지금 다윗은 자신이 무시와 모욕을 당하는 것만이 아니라 자신의 아들이 즉시 심판의 죽음을 당할 수 있는 끔찍한 죄를 저지르는 현장을 보고 있는 것입니다.

다윗은 차라리 칼과 창으로 찔림을 당하는 것이 나을지 모릅니다. 자신의 모든 것이 무너지고 부정당했습니다. 그의 과거, 업적, 헌신, 사랑, 자비, 무엇보다 그가 하나님을 믿고 믿음 안에서 행했던 모든 믿음의 행동들이 모조리 부정당했습니다. 신자에게 이보다 더 고통스럽고 비참한 모욕과 저주가 있을 수 있겠습니까?

만약 우리가 이런 공격과 모욕을 당한다면 어떻게 반응할까요? 다윗을 향한 시므이의 저주를 보고 들은 아비새가 지극히 당연한 반응을 보여 줍니다.

이 죽은 개가 어찌 내 주 왕을 저주하리이까 청하건대 내가 건너가서 그의 머리를 베게 하소서 _9절

아비새는 분노합니다. 참지 못하고 왕에게 시므이를 죽이겠다고 말합니다. 당연하고 자연스러운 반응 아닙니까? 근거 없는 조롱과 비방, 모든 업적과 과거를 부정하고 모욕하는 공격을 어떻게 참을 수 있습니까?

그런데 다윗은 아비새와 달랐습니다. 그는 두 가지 반응을 보입니다. 먼저는 그 모든 공격 속에서 하나님의 뜻을 발견합니다. 시므이의 저주와 아비새의 분노 속에서 다윗은 이렇게 말합니다.

그가 저주하는 것은 여호와께서 그에게 다윗을 저주하라 하심이
니 _10절

풀어 보면, 다윗은 "하나님께서 나를 저주하라 하신 것이
다. 하나님께서 나를 죄인으로 인정하신 것이다. 그렇다. 나는
하나님 앞에 저주 받아야 할 죄인이다"라고 말하는 것입니다.
다윗은 시므이의 저주를 아무렇지 않게 받아들이거나 자포자
기의 심정으로 가만히 있는 것이 아닙니다. 단순한 인내가 아
닙니다. 다윗은 시므이의 모욕과 저주를 통하여 '자신이 죄인'
이라는 사실을 다시금 깨달았습니다.

므비보셋이 왜 배신을 하고, 시므이가 왜 저주를 했습니까?
다윗이 사울을 대신하여 왕이 되었으나 왕의 사명을 제대로
감당하지 못했기 때문입니다. 하나님께서 맡기신 왕의 사명,
책무를 성실히 감당하지 못한 죄가 드러났습니다. 압살롬의
더러운 악행을 통해서 무엇이 드러났습니까? 압살롬이 장막
을 치고 더러운 일을 행한 이 옥상(삼하 16:22)은 다윗이 목욕하
는 밧세바를 본 바로 그곳입니다(삼하 11:2).

다윗은 그들의 모욕과 비난을 통하여 자신의 죄를, 자신의
잘못과 실수를 봅니다. 자신이 죄인이라는 사실을 직면합니
다. 그것이 다윗을 향한 하나님의 뜻이었습니다.

우리는 다윗과 같은 일을 당할 때 어떻게 반응합니까? 다른 것은 다 참아도 '무시'와 '모욕'과 '억울함'은 참지 않습니다. '비난'과 '공격'은 반드시 갚아 줘야 직성이 풀립니다. 우리는 분노하고 반격합니다. 그러다 이기지 못하면 절망하고 낙심합니다. 고통스러운 현실을 부인하며, 하나님을 향한 원망을 쏟아냅니다. 그러나 그 모든 일들이 하나님의 뜻 안에서 일어난다는 사실을 우리는 기억해야 합니다. 그것이 성숙한 믿음입니다. 드러난 일에 함몰되는 것이 아니라, 그 일을 허락하신 하나님을 생각하고 바라봐야 합니다.

우리는 불완전합니다. 의지는 쉽게 무너지고, 경건은 자주 죄로 오염되며, 선을 행하려는 마음은 너무나도 빨리 욕망 앞에서 자취를 감춥니다. 드러나지 않았을 뿐이지, 숨겨지고 감추어진 우리 죄악이 얼마나 많은지 모릅니다. 그러므로 우리가 당하는 비난과 공격은 근본적으로 이유 없는 것이 하나도 없습니다. 어쩌면 우리가 저지른 죄악과 과오에 비하여 훨씬 적은 비난과 공격을 당하는지 모릅니다. 그래서 우리는 비난을 당할 때 우리 자신의 죄를 먼저 돌아보아야 합니다. 우리 자신을 먼저 하나님 말씀이라는 거울 앞에 서서 진리의 빛을 비추어 살펴야 합니다. 그렇다면 우리를 향한 비난이 옳다는 사실을 깨닫게 될 것입니다.

다윗의 두 번째 반응이 12절에 기록되어 있습니다. 다윗은 하나님께로 돌아가 하나님을 의지합니다.

여호와께서 나의 원통함을 감찰하시리니 오늘 그 저주 때문에 여호와께서 선으로 내게 갚아 주시리라 _12절

다윗은 자신의 죄와 잘못을 직면했습니다. 하나님께서 죄를 깨닫게 하시는 것은 단순히 다윗을 망하게 하려는 것이 아니라 다윗을 회복시키시기 위한 은혜의 손길이었습니다. 하나님께서는 다윗을 죄와 저주 가운데 버려두지 않으셨습니다. 다윗을 향한 하나님의 뜻은 '회복'이었습니다.

다윗은 하나님의 은혜를 간구합니다. 자신의 원통함, 억울함을 하나님께서 풀어 주실 것을 믿고 간구합니다. 자신을 미워하고 죽이려 하고 공격하는 모든 원수를 하나님께서 심판하시고, 하나님께서 공의를 세우실 것을 믿고 의지합니다. 하나님께서 자신에게 선을 베푸셔서 자신을 회복시키실 것을 믿고 의지합니다. 오직 하나님께만 회복과 치유가 있다는 사실을 그는 알았습니다. 그리고 믿었고, 그 믿음에 의지하여 하나님의 은혜를 간구합니다.

원수들의 공격을 통하여 다윗의 실체가 드러났습니다. 다

윗은 정말로 꺼져 가는 등불의 심지와 같았고, 상한 갈대와 같았습니다. 그는 작은 입김에도 꺼져 버릴 심지와 같았습니다. 그의 생명이 언제 꺼져도 이상하지 않았고, 그가 언제 사라져도 아무도 놀라지 않을 정도였습니다. 그는 아무런 소망이 없는 상한 갈대와 같았습니다. 스스로 서 있는 것조차 불가능했고, 작은 짐승이 살짝 닿기만 해도, 조금만 바람이 불고 물이 흘러도, 부러져 땅에 떨어져서 쓸모없이 썩어 갈 상한 갈대와 같았습니다. 그의 믿음도 그러했습니다. 그의 믿음은 점점 불안과 염려 속에서 사그라들고 있었고, 모욕과 공격 속에서 꺾여 버렸습니다.

하나님께서는 그러한 다윗을 당신의 은혜로 살리셨습니다. 하나님을 잊어버렸던 다윗이 그 고통의 시간을 보내며, 모욕과 수치와 절망의 시간을 보내며, 하나님을 기억하고 하나님을 찾도록 이끄셨습니다. 다윗이 자신의 약하고 비참한 실체를 깨닫게 하신 것이 첫 번째 은혜라면, 하나님의 도우심을 간구하게 하셔서 하나님께로 이끄신 것이 두 번째 은혜입니다. 그렇게 그를 살리십니다. 그것이 참으로 이 모든 일의 목적입니다.

하나님은 "상한 갈대를 꺾지 아니하며 꺼져 가는 등불을 끄지 아니하고 진실로 정의를 시행할 것이며 쇠하지 아니하며 낙담하지 아니하고 세상에 정의를 시행할" 이시기 때문입니다 (사 42:3-4).

이 약속이 우리에게도 동일하게 주어졌습니다. 이 모든 은혜가 우리에게도 그대로 주어졌습니다. 우리도 때로는 다윗과 같이 공격과 어려움을 당해 일어날 힘조차 없어 넘어지고 무너질 때가 있습니다. 모든 수고와 헌신, 사랑이 한순간 배신으로 물거품처럼 사라지기도 합니다. 심지어 굳게 믿었던 믿음마저도 조롱과 모욕 속에 흔들리기도 합니다. 명예와 업적과 지위가 땅바닥에 뒹굴기도 합니다. 그때 우리는 분노하고, 원망하고, 무너지고, 절망합니다. 그것이 우리의 모습입니다.

그러나 우리는 그때에 우리 자신이 '상한 갈대이며 꺼져 가는 심지'라는 사실을 정말로 깨닫게 됩니다. 우리 힘이, 그렇게 자랑했던 우리 모든 업적이, 심지어 우리 믿음도 그렇게 약하고 보잘것없다는 사실을, 우리 연약한 맨얼굴을 대면하게 됩니다. 바로 그때에 우리는 주님을 바라보아야 합니다. 아무 잘못도 죄도 없으신 분이, 우리를 위하여 우리가 받아야 할 모든 조롱과 모욕과 공격을 대신 받으신 예수 그리스도를 바라보아야 합니다.

모욕과 조롱, 무시와 분노를 대하는 우리의 두 가지 모습이 있습니다. '할 말은 해야 한다'와 '어떻게 할 말을 다하고 사느냐, 참자'입니다. 어느 것이 좋은 모습일까요? 어느 것이 더 그리스도인다운 것일까요? 둘 다 아닙니다. 전자는 옛적 본성이 아직 남아 있는 것이고, 후자는 자기 의가 강한 것입니다. 전자는 곧 후회하고 회개하여 주위를 잠깐 괴롭힙니다. 반면, 후자는 오히려 비난과 정죄로 주위를 오래 괴롭힙니다.

본질은 둘 다 똑같습니다. 둘 다 자기 힘으로 문제를 해결하려는 시도입니다. 우리 힘을 넘어서는 일은, 우리 자신의 힘이 아닌 우리보다 강하신 분께 의지해야 합니다. 화를 내도 하나님 안에서, 참아도 하나님 안에서 참아야 합니다. 그래서 우리는 하나님을 바라보아야 합니다. 마음을 하나님께 드려야 합니다.

이사야 선지자의 예언은 예수님을 통하여 성취되었습니다.

상한 갈대를 꺾지 아니하며 꺼져 가는 심지를 끄지 아니하기를
심판하여 이길 때까지 하리니 _마 12:20[11]

그분께서 꺾지 않으시고, 끄지 않으셔서 심판해 이길 때까지 하십니다. 주님께서는 끝내 이기실 것입니다. 그분께서 이

---

[11] 관련하여 이 책을 꼭 읽어 보시기 바랍니다. 리차드 십스, 『꺼져 가는 심지와 상한 갈대의 회복』, 전용호 역 (서울: 지평서원, 2009).

기심으로, 그분의 말씀으로 상한 갈대가 어떤 나무보다 견고하고 흔들림 없이 서게 될 것입니다. 꺼져 가는 심지가 그분의 성령으로 활활 타오를 것입니다.

우리의 모든 절망과 분노와 실패와 낙심을 이겨 낼 힘은 오직 예수 그리스도밖에 없습니다. 그분께서 우리와 같은 고통을 당하셔서 우리의 비참함을 아시고, 그분께서 우리를 위하여 매를 맞으셔서 우리가 나음을 얻었으며, 그분께서 우리를 위하여 죽으시고 부활하셔서 우리에게 새 생명을 주셨습니다. 그분께서 우리에게 성령을 보내 주셔서 힘과 능력과 지혜가 되게 하셨습니다.

다윗과 신하들이 잠시 쉼을 얻습니다(14절). 그 고통 속에서 쉽니다. 예수 그리스도 안에서 우리도 쉴 수 있습니다. 위로와 안식이 그분께 있습니다.

20 악한 지식, 선한 지식

삼하 17:14

만약, 지금 당신이 알고 싶은 정보 혹은 지식을, 그것이 무엇이든 가질 수 있다면 당신은 무엇을 알고 싶습니까? 우리는 알고 싶고 소유하고 싶은 지식과 정보가 정말 많습니다. 동시에 한편에서는 우리가 도저히 감당할 수 없을 만큼 너무 많은 지식과 정보가 쏟아져 나옵니다. 그런데 그 많은 지식과 정보 중에서 정말로 우리에게 유용하고 필요한 것은 매우 소수입니다. 가짜가 너무 많기 때문입니다.

'무엇을 아느냐'는 '어떻게 사는가'를 좌우합니다. 그런데 우리가 만나는 정보와 지식에는 가짜나 악한 것이 많습니다. 그래서 우리는 더욱 어렵고, 그래서 더더욱 지식과 정보를 분별하는 지혜와 노력이 필요합니다. 단순히 남들과 비교해서 더 많이 안다는 차원이 아니라, 우리 삶을 바르게 하는, 궁극적으로는 하나님의 뜻에 합당한 삶을 살기 위한 지식과 정보가 필요합니다. 이를 '진리'라고 부릅니다.

우리에게 정말로 필요한 것은 단순한 정보와 지식이 아니라 바로 진리입니다. 정보와 지식이 당장은 우리 삶을 편리하게 하고 이익을 줄 수 있겠지만, 영원한 가치와 아름다운 덕 그리고 구원을 주지는 못합니다. 오히려 쓸모가 다하거나 거짓에 오염되어 버리거나 인간의 죄와 욕망으로 말미암아 왜곡된 정보와 지식은 우리 삶을 더 깊은 고통과 절망에 빠트릴 뿐입니다.

우리에게는 참된 진리, 우리 인생을 가치 있게 하며 덕을 이루고 구원과 영생을 주는 '진리'가 필요합니다. 그런데 그 진리는 오직 우리 하나님께만 있습니다. 하나님 말씀이 진리이며, 그 진리는 성경에 기록되어 있고, 예수 그리스도 안에 충만하며, 성령께서 그 진리를 우리에게 알려 주시고, 우리로 하여금 그 진리의 열매를 맺게 하십니다. 우리는 진리를 사모해야 하고 진리를 알아야 하며 진리를 소유하고 그 진리에 합당한 삶을 살아가야 합니다.

사무엘하 17장에는 진리를 버리고 자신의 욕망에 이끌려 왜곡된 정보와 지식 탓에 비참함과 고통으로 나아가는 압살롬의 모습이 기록되어 있습니다. 사무엘하 17장에는 세 명의 인물이 등장합니다. '아히도벨'과 '후새'가 정보를 제공하고, '압살롬'이 선택합니다. 중요한 것은 '압살롬이 어떤 정보를, 왜 선택했는가'입니다.

우리가 어떤 정보와 지식을 선택할 때 갖는 마음이 있습니다. 우리는 자신이 원하는 것, 되고 싶은 것, 자신의 인생을 더 가치 있게 할 것이라고 믿는 정보를 선택합니다. 마음의 소원과 기대가 선택한 정보와 지식을 통하여 드러납니다. 그래서 압살롬이 선택한 정보와 지식은, 곧 압살롬의 소망이며 비전입니다.

먼저, 아히도벨이 압살롬에게 두 가지 정보를 줍니다. 첫째, 다윗의 후궁들과 동침해야 한다는 정보였습니다(삼하 16:21). 이를 통해서 압살롬이 다윗과 완전히 원수가 되었고, 압살롬이 다윗보다 월등히 강력하며 왕궁의 실질적인 주인임을 주장할 수 있었습니다. 압살롬은 아히도벨의 제안을 받아들입니다.

압살롬은 다윗을 물리치고 완전히 왕권을 차지하려고 했습니다. 아히도벨이 둘째 정보를 압살롬에게 줍니다. "왕이여, 왕이 직접 갈 필요가 없습니다. 나를 보내시면 내가 가서 다윗을 죽이고 돌아오겠습니다"(삼하 17:1-2). 그때, 압살롬이 후새를 부릅니다. 이는 압살롬을 향한 하나님 심판의 시작이었습니다(14절). 같은 일을 놓고 후새는 아히도벨과 전혀 다른 정보를 제공합니다. "왕이여, 아히도벨의 말은 틀렸습니다(삼하 17:7). 다윗은 매우 강력합니다(삼하 17:8). 그러니 당신이 직접 나가셔서(삼하 17:11) 다윗을 죽이고(삼하 17:12) 당신의 위력을 드러내십시오"(삼하 17:7-8, 11-13).

이때 압살롬은 아히도벨의 제안을 거부하고, 후새의 의견을 받아들입니다. 실제로는 압살롬과 모든 신하들, 장로들이 아히도벨의 의견이 적절하다고 생각했습니다(삼하 17:4). 그러나 결정은 반대였습니다.

왜 그랬을까요? 압살롬의 선택 기준은 선과 악이 아니기 때문입니다. 정의와 불의, 의와 죄, 효와 불효가 아닙니다. 덕, 인륜, 도덕, 윤리는 그에게 선택 기준이 아니었습니다. 당연히 하나님의 뜻도 그에게는 선택 기준이 될 수 없었습니다.

그가 정보와 지식을 선택하는 기준은 두 가지였습니다. 다윗을 몰아내고 왕이 되는 것과 자신의 이름이 높아지는 것이었습니다. 이를 이룰 수만 있다면, 그것이 패륜이든, 살인이든, 악이든 중요하지 않았습니다. 당장 효과가 있고 유익하다면 그는 받아들였습니다.

아히도벨이 압살롬의 권력과 이름을 높여 줄 때 압살롬은 그것이 패륜일지라도 받아들였습니다. 그러나 아히도벨이 압살롬이 아닌 아히도벨 자신의 이름을 높이려는 것처럼 보이자 그는 그 제안이 아무리 합리적이고 적절하다고 해도 거부했습니다. 바로 여기에서부터 압살롬의 패망이 시작되었고, 결국 비참한 죽음으로 이어지게 됩니다.

오늘날 우리가 선택하는 지식, 오늘날 우리가 원하는 정보는 과연 어떤 것들입니까? 우리가 더 알고 싶어 하고, 더 가지고 싶어 하는 지식과 정보는 무엇에 관한 것들입니까? 이 질문에 대한 답이 곧 내가 원하는 미래이며, 내가 되고 싶은 대상이며, 내가 이루고자 하는 소망입니다. 그것이 무엇입니까? 당신은 무엇을 더 알고 싶습니까?

지식에는 두 가지가 있습니다. 하나는 진리이고, 다른 하나는 정보입니다. 진리의 목적은 덕, 정의, 선과 같은 높고 시대를 초월하는 가치입니다. 그래서 그것을 소유한 자의 인생을 지키고 더욱 아름답게 하는 것을 선이라고, 어기는 것을 악이라고 할 수 있습니다. 정보의 목적은 실용성, 현재 가치입니다. 알면 편리하고 모르면 불편한 것입니다. 그래서 가치 중립적입니다. 쓰는 사람에 따라 선을 이루기도 하고, 악을 이루기도 합니다.

'진리'와 '정보'는 둘 다 우리 삶에 필요합니다. 진리는 우리 영혼을 아름답게 하고, 정보는 우리 삶을 편리하게 합니다. 진리는 영원한 가치를 이루고, 정보는 실제적이며 즉각적인 유익을 이룹니다. 둘 다 우리에게 필요합니다. 그러나 한쪽으로 치우치면 반드시 문제를 일으킵니다. 그런데 우리는 한쪽으로 치우친 세상 속에서 살아가고 있습니다. 세상은 진리에 별 관심을 두지 않습니다. 그저 당장의 필요를 채우고, 편리를 제공하며, 이익을 주는 정보에 더 관심을 가집니다.

가장 분명한 예가 학교와 학원입니다. 학교와 학원은 둘 다 가르치는 곳입니다. 둘 다 필요하고 유용합니다. 그런데 교육의 목적은 분명히 다릅니다. 학교 교육의 목표는 교양입니다. 단순히 공부를 시켜 지식을 주입하는 것이 아니라 가르치고 키워 사람을 만드는 곳입니다. 그러나 학원의 목표는 교습입니다. 배워서 익히는 것, 그래서 즉각적인 효과를 보는 것이 목표입니다. 학원은 교양이 아니라 점수가 목표입니다. 둘 다 필요합니다. 둘 다 각자의 자리와 가치와 효용이 있습니다.

그런데 우리가 사는 사회는 심각한 불균형을 겪고 있습니다. 학교 교육이 무너져 버렸습니다. 학교가 더 이상 교양을 가르치지 않습니다. 훈육을 하지 못하고 인성을 가르치지 못합니다. 아이들이 학교에서 선생님을 존중하지 않습니다. 학원이 교육의 중심이 되어 버렸습니다. 그래서 우리 아이들이 예전보다 엄청나게 더 많이 공부하는데, 그들의 인생은, 삶의 모습은 예전보다 아름답지 않고, 오히려 더 팍팍하고 메마르고 어렵습니다. 그렇게 공부하는데도 세상은 나아질 기미가 보이지 않습니다.

교회는 학교와 비슷합니다. 교회의 주된 사역은 '진리의 전파'입니다. 설교와 성경 공부, 전도를 통하여 성경과 교리, 곧 진리를 가르치고 배우고 전하고, 그렇게 배우고 알게 된 진리로 이 세상을 살도록 격려하고 돕고, 그러한 성도들을 세상에 파송하는 곳이 교회입니다. 그래서 교회는 그냥 학교가 아니라 군사 훈련소, 사관 학교와 더 비슷합니다.

오늘날 우리는 이 교회를 통하여 무엇을 알고 싶어 하고, 무엇을 배우고, 가르치고, 전하고 있습니까? 한동안 많은 사람들이 "이제 기독교의 시대는 끝났다"라고 말했습니다. "엄청난 정보와 과학 기술의 발달 속에서, 단순히 믿음만을 말하는 기독교는 더 이상 힘을 발휘할 수 없다"라고 주장했습니다. '수많은 정보들로 성경이 진리가 아니라는 것이 드러날 것이고, 과학과 의학의 발달로 기독교가 말하는 믿음의 능력, 기도의 능력이 이제는 무의미해질 것이다'라고 사람들은 생각했습니다. 그리고 정말로 그렇게 보였습니다. 그래서 한동안 교회가 '영원한 진리'보다 '지금의 현실을 더 잘살 수 있는 정보'를 전하려고 하던 때도 있었습니다.

환자를 위하여 기도하기보다 잘 듣는 치료법과 건강법을 먼저 소개했고, 하나님께서 주신 물질을 선용하여 가난 가운데 있는 형제를 돕고 하나님 나라를 이루기보다 어떻게 하면 부자가 되는지를 먼저 가르쳤습니다. 하나님께서 주신 사명을 발견하여 하나님 앞에 헌신된 삶을 사는 청년을 키우기보다 성적 올리고 취직 잘해서 성공하는 청년이 되는 법을 먼저 알려 주려고 했습니다. 교회가 진리를 외면하고, 이 세상의 만족과 이익을 이루는 '정보'에 붙잡혀 있던 때가 있었습니다. 그래서 기독교가 사라졌습니까? 진리를 잃어버렸습니까? 아닙니다. 오히려 그 반대의 세상이 됐습니다. 진리는 더욱 분명하게 빛나고 있으며, 믿음은 더욱 절실해졌습니다.

코로나19라는 전염병이 터졌습니다. 그토록 눈부신 발전을 이룩했던 과학 기술, 의료 기술이 아무 힘도 발휘하지 못한 채 거의 속수무책으로 무려 3년의 시간을 보내고 있습니다.[12] 사람의 기술이 해답이 되지 못했습니다.

우리는 우리 생명이 우리 손에 있는 것이 아니라 하나님 손에 있다는 사실을 깨닫게 되었습니다. 우리의 눈부신 과학 기술, 쏟아져 나오는 정보들이 내 인생의 해답이 아니라, 하나님 말씀이, 진리의 교훈이 내 인생의 참된 답이라는 사실을 다시

---

12 이 설교를 2021년 10월에 했다.

금 깨닫게 되었습니다. 그토록 조롱하던 기도가 이 모든 문제를 해결할 수 있는 유일한 능력이고, 아무것도 할 수 없는 우리가 최후까지 붙잡아야 할 능력이며 문제 해결 수단임을 깨닫게 되었습니다.

팀 켈러는 '삶의 의미, 만족, 자유, 정체성, 희망, 정의'는 인생을 살아가는 데 반드시 필요한 필수 요소라고 말합니다.[13] 이 모든 것을 단편적인 지식이나 순간의 이익과 편리와 만족을 위한 정보로는 얻을 수 없습니다. 세상의 문학과 철학을 통해서 어느 정도는 맛볼 수 있겠지만, 완전히 그리고 충분히 얻을 수는 없습니다. 이 모든 것을 오직 참된 진리이신 하나님 말씀과 예수 그리스도 안에서만 발견할 수 있고, 충분히 소유할 수 있으며, 단지 아는 것만이 아니라 성령의 능력으로 실제로 누리며 행할 수 있습니다.

사도 바울의 고백을 우리는 기억해야 합니다. 당대 최고 석학이며, 헬라 철학의 정수와 구약 성경과 역사와 문화에 능통한 그가 고백했습니다.

또한 모든 것을 해로 여김은 내 주 그리스도 예수를 아는 지식이

---

13 팀 켈러, 『답이 되는 기독교』, 윤종석 역 (서울: 두란노, 2018), 305.

가장 고상하기 때문이라 내가 그를 위하여 모든 것을 잃어버리고 배설물로 여김은 그리스도를 얻고 그 안에서 발견되려 함이니 내가 가진 의는 율법에서 난 것이 아니요 오직 그리스도를 믿음으로 말미암은 것이니 곧 믿음으로 하나님께로부터 난 의라 _빌 3:8-9

예수 그리스도를 아는 지식 안에서, 영원한 구원의 생명을 주는 진리 안에서 참된 인생의 가치와 복을 누리십시오. 예수님 알기를, 하나님을 아는 지식을 더 소유하기를 소원하십시오.

21 승리를 가져온 약함

삼하 18:1-15

이스라엘의 위대한 왕 다윗의 인생은 전반기와 후반기가 뚜렷이 구별됩니다. 전반기, 곧 이스라엘 왕이 되기까지는 비록 많은 환란과 고통을 겪었지만, 하나님의 영광과 능력을 경험하는, 그래서 하나님과 늘 함께함으로 그 은혜 가운데 거하는 '상승하는 삶'이었습니다.

그러나 왕이 되고 나서 그의 인생 후반기는 '하강'합니다. 심각한 범죄를 저지르고, 하나님께서 맡기신 사명을 잊고, 그래서 스스로 무너지고 망가집니다. 가장 결정적이고 치명적인 사건은 '밧세바와의 불륜'과 '아들 압살롬의 반역'이었습니다. 그런데 이러한 다윗의 인생에서 정말 중요한 것은 다른 데 있었습니다. 너무나 큰 인생의 부침에도 불구하고 '하나님은 변함없으시다'는 사실입니다.

압살롬은 반역을 일으켜 아버지 다윗의 목숨을 위협했습니다. 그러나 그 세력은 곧 분열하여 약해졌습니다. 반면에 다윗에게는 여전히 많은 백성들이 따르고, 잘 정비된 군사들이 있었습니다. 그리고 드디어 다윗에게 반격의 기회가 찾아왔습니다. 전체 군사를 셋으로 나누고, 각각 최고의 장군들을 임명하여 전쟁을 준비했습니다. 무엇보다 다윗 자신이 열정에 불타올랐습니다. "… 나도 반드시 너희와 함께 나가리라"(2절).

이전과는 사뭇 다른 모습입니다. 전쟁터를 달리던 오래전 용맹한 다윗으로 돌아간 것 같습니다. 하나님께서 맡기신 왕으로서의 사명을 회복하고, 최선을 다하여 헌신을 다짐합니다. 이제 다윗은 하나님의 용사로, 이스라엘 왕으로 자신의 정체성을 회복한 듯합니다.

이 전쟁을 통해 그는 무너진 왕으로서의 권위와 아버지로서의 위치를 회복할 것입니다. 그의 왕권은 잠시 흔들렸지만 여전히 건재함을 증명할 것이며, 그의 통치와 위세는 회복될 것입니다. 절호의 기회가 왔고 다윗도 준비됐습니다.

그런데 다윗의 부하들 생각은 달랐습니다. 백성들은 다윗을 말립니다. "왕은 (전쟁에) 나가지 마소서"(3절). 표면적인 이유는 왕의 목숨을 지켜야 했기 때문입니다. 만약 다윗이 죽으면 전쟁은 끝나고 회복의 가능성조차 다 사라지기 때문입니다.

그러나 실제로는 다윗에 대한 사람들의 평가가 바뀌었음을 의미합니다. 다윗은 지금까지 백성을 보호하는 '보호자, 구원자, 강자'였습니다. 그런데 이제는 누군가의 보호를 받아야 하는 '약자'가 된 것입니다.

그의 마음에는 골리앗을 죽이던 소년의 용기가 넘쳐났지만, 이제 그의 육체는 늙고 약해졌습니다. 그리고 아들과의 전쟁입니다. 지금까지 다윗의 모습을 보면. 사사로운 정 때문에 전쟁을 망칠 위험도 있습니다. 그런 모습을 이미 백성들에게 보였습니다

> 왕이 요압과 아비새와 잇대에게 명령하여 이르되 나를 위하여 젊은 압살롬을 너그러이 대우하라 하니 왕이 압살롬을 위하여 모든 군지휘관에게 명령할 때에 백성들이 다 들으니라 _5절

지금은 다윗에게 절호의 기회입니다. 전진해야 할 때입니다. 강력하게 자신의 능력과 영향력을 발휘하고, 자신을 증명해야 할 때입니다.

그러나 사람들은 다윗이 멈춰야 할 때라고 생각했습니다. 그리고 그것이 하나님께서 사람들을 통하여 다윗에게 말씀하신 당신의 뜻이었습니다. 그래서 다윗은 멈췄습니다. 자신이 전쟁에 나가는 대신, 전쟁에 나가는 군사들을 응원하는 것으

로 자기의 역할을 삼습니다(4절).

그리고 다윗의 군대는 대승을 거둡니다(7절). 심지어 하나님께서 직접 개입하신 초자연적 현상으로 수풀에서 죽은 자가 칼로 죽은 자보다 많았습니다(8절). "이것은 하나님께서 우박과 같은 자연현상을 동원하여 이스라엘의 적들을 물리치신 일들을 연상시"킵니다.[14] 군대의 승리만이 아니라 하나님께서 직접 개입하신 기적도 일어났습니다. 다윗이 전쟁에 나가지 않았는데, 다윗이 멈췄는데, 역사의 흐름을 바꾸는 위대한 승리를 얻었습니다.

세상은 '멈춤'을 싫어합니다. 자기 영향력이나 역할이 줄어들거나 빼앗기는 것을 받아들이지 못합니다. 그것을 '퇴보, 후퇴, 패배, 노쇠, 밀려남'이라고 합니다. 그러나 성경은 우리의 멈춤을 그렇게 부르지 않습니다. 하나님의 사람들이 믿음 안에서 멈출 때, 이를 가리켜 '안식'이라고 합니다. 많은 분들이 안식을 '쉬는 것, 일하지 않는 것'으로 생각합니다. 물론 그러한 것이 안식의 중요한 모습인 것은 분명합니다. 그러나 '안식'에는 그것보다 더 깊은 의미가 있습니다. 안식은 우리의 것만이 아니라 하나님의 것이기도 합니다. 원래 안식은 하나님의

---

14 김진수, 『우리에게 왕을 주소서』 (수원; 합신대학원출판부, 2015), 309.

것입니다.

하나님께서는 천지를 창조하시고 일곱째 날에 안식하셨습니다. 그 안식은 아무 일도 하지 않는 것이 아니었습니다. 하나님께서는 안식일에 매우 중요한 일을 하셨습니다. 하나님께서는 일곱째 날 안식하시면서, 그날을 복되게 하시고 거룩하게 하셨습니다(창 2:2-3).

우리에게 안식은 하나님께서 주시는 복과 거룩을 누리기 위하여 멈추는 것이고, 하나님께 안식은 우리에게 복을 주시고 우리를 거룩하게 하시려고 일하시는 것입니다. 하나님을 누리기 위한 우리의 멈춤과 우리의 안식을 위한 하나님의 일하심이 안식의 본질입니다. 마르바 던은『안식』에서, 안식은 "자기가 스스로 하나님이 되려는 모든 시도를 멈추는 것"[15]이며 "하나님이 하나님 되시도록 나는 멈추는 것"[16]이라고 설명합니다.

이스라엘이 광야를 지나갈 때 배가 고팠습니다. 그들이 원망하자 하나님께서는 그들에게 '만나'를 주셨습니다. '만나'는 안식일 준수와 직접적으로 연결되어 있었습니다. 그들이 만나의 참된 은혜를 깨닫고 안식을 누리기 위해서는 만나를 거두

---

15 마르바 던, 『안식』, 전의우 역 (서울: IVP, 2020), 53-54.
16 위의 책, 57.

는 일도 해야 할 뿐만 아니라 그 일을 멈추는 것도 필요했습니다. 오히려 만나를 거두지 않음으로 만나의 은혜와 참된 안식을 더욱 깊이 누릴 수 있었습니다.

오늘 분량의 만나만 거두고 만족하여 감사함으로 멈출 때 내일의 만나를 주시는 하나님을 믿는 믿음이 드러났고, 안식일 전날 이틀 치 만나를 거둠으로 안식일을 거룩하게 하시는 하나님의 명령에 순종하며 안식일의 복과 거룩을 누릴 수 있었습니다. 그들의 생존이, 광야에서의 삶이 자신들 손에 달린 것이 아니라 오직 하나님의 손에 결정된다는 믿음을, 그들은 멈춤을 통해 고백했고, 멈출 때 실제로 그 은혜를 경험했습니다.

우리는 인생이 자기 자신에게 달렸다고 생각할 때가 많습니다. 철저한 계획과 준비, 능력과 실력이 자신의 인생을 결정한다고 믿습니다. 그래서 하나님을 의지한다고 말하지만, 실제로는 자신과 자신이 가진 것들을 더 많이 의지합니다. '하나님을 의지하는 기도'보다는 '의지할 것을 더 많이 달라고 기도'합니다. 하나님의 뜻이 이루어지기를 기도하지만, 실제로는 자신의 뜻과 계획을 이루기 위해 살아갑니다. 하나님께만 영광을 올려 드린다고 말하지만, 실제로는 자신의 영광을 위하여 살고, 자신의 명예와 뜻과 계획이 무너지고 공격받는 것을 견디지 못합니다.

그래서 우리는 멈춤을 싫어합니다. 내가 멈추면 하나님도 멈추고, 내가 멈추면 내 인생도 멈춘다고 생각합니다. 이러한 생각의 바탕에는, 내가 나의 하나님이라는, 곧 '나'라는 우상을 섬기는 우상 숭배가 있습니다. 그래서 우리는 멈추지 못하고, 끊임없이 달리려 하며, 끊임없이 자신을 드러내려고 하고, 자기 영향력을 유지하려고 합니다.

그러나 이 세상에서 가장 불안정하고 미래를 보장할 수 없는 믿음이 나를 믿는 믿음입니다. 우리 자신이 이미 너무나 잘 알고 있지 않습니까? 내 실력, 내 역량, 내 재산, 내 힘, 과연 내가 가진 모든 것들이 나의 미래를 얼마나 보장해 줄 수 있을까요? 나 자신을 믿을 때 기쁨과 좌절은 반복되고, 결국 어떤 만족도 안식도 누리지 못한 채 탈진합니다.

'안식'은 불완전하고 무능한 '나'라는 우상을 섬기는 우상 숭배를 멈추고, 완전하시고 전지전능하시며 영원하신 하나님께 모든 것을 맡긴 채, 그 하나님을 누리는 것입니다. 나는 멈추고 하나님께서 일하시는 것이며, 나는 서고 하나님께서 이끄시는 것입니다. 나는 잠시 입을 닫고 하나님께서 말씀하시는 것이며, 나의 약하고 보잘것없는 손은 내려놓고 하나님의 전능하신 팔을 붙드는 것입니다. 미련하고 모자란 내 고집과 지식은 내려놓고, 전지하신 하나님의 지혜를 듣는 것입니다. 지치고 상하여 탈진한 내 마음이 기쁨과 위로와 소망과 행복이신 하나님 안에서 쉼을 얻는 것이며, 죽어 가던, 아니 죽었던 우리 영혼이 하나님 안에서 새로운 생명으로 다시 사는 것입니다.

이스라엘 백성이 출애굽 할때, 눈앞에는 홍해 바다가 가로막고, 뒤로는 애굽의 전차 군단이 창을 들고 쫓아왔습니다. 바다에 빠져 죽든, 칼과 창에 맞아 죽든 그들은 죽을 수밖에 없었습니다. 이스라엘 백성들이 원망을 쏟아 냅니다.

> 어찌하여 당신이 우리를 애굽에서 이끌어 내어 우리에게 이같이 (죽게) 하느냐 … 우리를 내버려 두라 … 애굽 사람을 섬기는 것이 광야에서 죽는 것보다 낫겠노라 _출 14:11-12

그때 하나님께서 모세를 통하여 이스라엘에게 말씀하십니다.

> 모세가 백성에게 이르되 너희는 두려워하지 말고 **가만히 서서** 여호와께서 오늘 너희를 위하여 행하시는 구원을 보라 너희가 오늘 본 애굽 사람을 영원히 다시 보지 아니하리라 여호와께서 너희를 위하여 싸우시리니 **너희는 가만히 있을지니라** _출 14:13-14

이스라엘은 멈췄고, 하나님께서 일하셨습니다. 이스라엘은 홍해를 건너 구원을 받았고, 원수는 심판을 받았습니다.

다윗은 500여 년 전에 일어난 하나님의 역사를 자신의 삶 속에서 실제로 경험합니다. 자신은 멈추고 하나님은 일하시는 이 안식을, 자신은 약하여도 하나님은 승리하시는 이 안식의 영광을 그는 누린 것입니다.

사도 바울은 놀라운 주님의 말씀을 기록합니다.

나에게 이르시기를 내 은혜가 네게 족하도다 이는 내 능력이 약한 데서 온전하여짐이라 하신지라 그러므로 도리어 크게 기뻐함으로 나의 여러 약한 것들에 대하여 자랑하리니 이는 그리스도의 능력이 내게 머물게 하려 함이라 _고후 12:9

사도 바울이 육체의 가시, 즉 고통스러운 질병을 치료해 주시기를 간절히 기도했습니다. 그러나 주님의 응답은 거절이었습니다. 그리고 주님께서는 당신의 은혜가 바울에게 충분하다고 말씀하십니다. 왜냐하면 주님의 능력이 약한 데서 온전해지기 때문입니다. 바울의 능력이 온전해지는 것이 아닙니다. 주님의 능력이 온전해지는 것입니다. 바울의 강함과 건강함 속에서가 아니라 바울의 약함과 질병과 낮아짐 가운데서 주님의 능력이 온전해지는 것입니다.

다윗이 멈추자 하나님의 능력이 온전해졌습니다. 이스라엘이 멈추자 하나님의 능력이 온전해졌습니다. 바울이 낮아지고 가난해지고 질병의 고통 속에 있을 때 주님의 능력이 온전해졌습니다. 이것이 '안식'입니다.

나는 약하지만, 나는 멈추지만, 나는 낮아지지만, 주님이 일하시고, 주님이 말씀하시고, 주님이 당신의 뜻을 이루시며, 나를 그 은혜로 이끄시는 놀라운 주님의 손길, 그 손길을 맛보고 누리는 것이 바로 안식의 본질입니다.

다윗이 약할 때, 자신의 약함을 인정하고 나아갈 때, 하나님의 능력을 경험하였고 비로소 안식했습니다. 세상은 자기 약함을 인정하는 것을 거부하고 싫어하고 두려워합니다. 우리도 얼마나 조마조마하며, 전전긍긍하며 불안해합니까. 그러나 우리의 불완전함이 주님의 완전함이며, 우리의 약함이 주님의 강함입니다. 우리의 멈춤이 하나님께서 주시는 안식이며, 우리의 눈물이 주님이 주시는 위로이고, 우리의 정지가 주님의 전진입니다. 그것이 주께서 주시는 안식입니다.

22 아버지의 사랑으로
삼하 18:31-19:8

아버지 다윗을 향하여 반역을 일으켰던 압살롬이 죽었습니다. 일단은 반역이 진압되었고, 다윗의 왕좌와 권세도 회복할 수 있게 되었습니다. 그러나 실제로는 '압살롬의 죽음'을 대하는 다윗과 요압의 시각차 때문에 심각한 갈등이 일어났습니다.

다윗은 압살롬의 죽음을 원하지 않았습니다. 부하들에게 "젊은 압살롬을 너그러이 대우하라"(삼하 18:5)고 말했습니다. '압살롬이 아직 젊어서, 아직 경험이 없고 생각이 짧고 지혜가 얕아서 실수를 한 것이니 좀 봐줘라'라는 의미입니다. 봐주기에는 압살롬의 범죄가 너무 심각했지만, 이미 자식들 간의 피비린내 나는 살육이 있었고, 더 이상 자식의 죽음을 바라지 않는 부모의 마음이었을 것입니다.

그러나 '요압'의 생각은 달랐습니다. 다윗은 아버지로서 압살롬을 대했지만, 요압은 군인으로서 압살롬을 바라봤습니다. 실제로 전쟁을 치러야 하는 입장에서는 압살롬을 너그러이 대우할 수가 없었습니다.

'압살롬을 죽이지 말라'는 말은, 사적으로는 다윗의 부성애가 담긴 요청이었지만, 공적으로는 왕의 명령이었습니다. 그래서 다른 사람은 압살롬을 쉽게 죽이지 못했습니다(삼하 18:12). 그러나 요압에게는 어느 것도 중요하지 않았습니다. 요압은 압살롬을 죽입니다(삼하 18:14). 그에게 압살롬은 단지 죽여야 할 원수에 불과했습니다.

요압의 이런 모습이 잔인하고 무자비하다는 비난을 받을 수 있겠지만, 한편으로는 당연합니다. 죄를 지은 사람은 그에 합당한 벌을 받아야 합니다. 그것이 정의이고 공의입니다. 권선징악은 사회를 정의롭게 하고, 일벌백계는 범죄를 억제합니다.

요압은 이런 정의감으로 똘똘 뭉친 사람이었습니다. 요압은 압살롬을 심판하는 것만이 아니라, 그러한 압살롬을 편드는 사람도 정의롭지 못한 사람으로 비난했습니다. 심지어 다윗도 예외가 아닙니다.

압살롬이 죽었다는 소식을 들은 다윗이 통곡합니다(18:33; 19:1-2, 4). 어떤 부모가 아들의 죽음을 슬퍼하지 않겠습니까? 반역자 이전에 아들이기에 그 슬픔은 당연한 것입니다.

요압은 그러한 다윗의 슬픔을 비난합니다. 요압의 비난 속에는 '왕답지 않다. 정의롭지 못하다. 이런 식이면 당신의 왕권은 더 이상 유지하기 어렵다'(7절)라는 신하로서 가질 수 없는 의도가 담겨 있습니다. 요압은 자기가 추구하는 정의를 위하여 왕의 명령을 위반한 것만이 아니라, 왕마저도 무시하는 반역과 같은 잘못을 범하고 있습니다. 요압은 예수님께서 말씀하신 '탕자의 이야기'에 나오는 큰아들과 비슷합니다.

아버지에게 미리 유산을 달라 하고 그 유산으로 먼 곳에 가서 방탕하게 살다 망하고 돌아온 탕자가 있었습니다. 탕자가 저지른 죄의 핵심은 사실 방탕이 아니라 아버지가 죽기를 바라고, 아버지를 아버지로 인정하지 않으며, 아버지의 다스림과 아들로서의 정체성을 거부한 것입니다. 반면에 탕자의 형은 의로운 사람이었습니다. 그는 아버지의 명을 어긴 적이 없었습니다(눅 15:29). 그런데 집 나간 동생이 돌아오고, 그 동생을 아버지가 안아 주고 씻겨 주고 기뻐하며 잔치를 베풀자 그는 분노합니다(눅 15:28). 아버지를 비난합니다. 자기 정의 때문에 아버지를 비난하는 죄를 범합니다.

그의 분노의 대상은 아버지의 불공정, 불공평입니다. 큰아들은 아버지를 향해 다음과 같이 분노한 것입니다. "열심히 일한 나에게는 아무것도 안 주고, 오히려 나쁜 짓만 저지른 동생에게 잔치를 베푸는 것은 불공정합니다(눅 15:30). 아버지를 위하여 더 많이 일한 나에게 더 많은 것을 주어야 하고, 아버지에게 손해를 끼치고 불효를 범한 저놈에게는 상이 아니라 벌을, 심판을 내려야 합니다. 그게 공평이고 정의입니다."

그러나 큰아들이 잊고 있는 사실이 있습니다. 일한 만큼 대가를 받는 사람은 아들이 아니라 고용된 사람, 곧 남이라는 것입니다. 아버지의 모든 것은 이미 아들의 것입니다(눅 15:31). 아들은 일한 만큼 받는 존재가 아니라 아들이기 때문에 아버지의 모든 것을 누리는 존재입니다. 아버지와 아들의 관계에는 '정의'가 필요하지만, 정의가 결정하는 것이 아니라 아버지와 아들이라는 관계 자체가 모든 것을 결정합니다.

요압은 '정의'의 관점으로 압살롬을 대했습니다. 다윗의 왕권을 견고히 하고 이스라엘을 안정시키는 데 '요압의 정의'는 반드시 필요했습니다. 그러나 '요압의 정의'와 '큰아들의 공평'만이 전부는 아닙니다. 그것보다 더 크고 본질적인 것이 있습니다. 바로 '아버지의 사랑'입니다.

다윗은 왕이지만, 아버지입니다. 그의 왕권이 취소된 것이 아닙니다. 그는 여전히 왕입니다. 다만 잠시, 그의 아버지로서의 성품이 왕으로서의 권력을 이긴 것입니다. 다윗은 정의를 무시하지 않았습니다. 그가 만약 정의를 무시했다면, 압살롬과의 전쟁 자체를 시작하지 않았을 것입니다. 적당한 선에서 타협하고 협상하여 안정을 취했을지 모릅니다. 그러나 그는 왕으로서의 정의를 지키고 있기에 전쟁을 시작했고, 심지어 자신이 직접 전쟁에 나서려고까지 했습니다.

그러나 다윗은 '원수를 심판하는 정의로운 왕'일 뿐만 아니라 '아들을 용서하는 사랑의 아버지'였습니다. 그는 정의를 포괄하는 더 큰 가치를 이루려 했습니다. 바로 '사랑과 용서'입니다. 그는 사람을 죽이는 '심판이나 권선징악'보다 궁극적으로 사람을 변화시키고 살리는 '긍휼과 자비'를 행하려 했습니다.

요압과 탕자의 형은 정의롭고 공의로운 사람들이었습니다. 그들은 공평을 추구하는 사람들이었습니다. 그들은 나라와 가정을 지키기 위해서 애쓰는 사람들이었고, 그들 덕분에 나라와 가정의 질서가 유지될 수 있었습니다. 그들이 있어야 잘잘못이 드러났고, 권선징악이 제대로 작동할 수 있었으며, 공동체가 흐트러지지 않을 수 있었습니다. 그런 면에서 그들은 필요한 존재들이었습니다.

그러나 그들은 하나님의 뜻을 이루기 위해 사용되는 도구이지, 그 자체가 하나님의 궁극적인 목적은 아닙니다. 하나님의 목적은 살리는 것입니다. 죄인을 용서하고, 심판 받을 자를 구원하며, 죽어 가는 자를 살리는 것입니다. 반면에 그들의 공의와 정의는 사람을 죽이는 것이지, 사람을 살리는 것이 아닙니다. 비난과 정죄는 그 자체로 사람을 살릴 수 없습니다. 심판을 선언하고 쫓아낼 뿐입니다. 사람을 살리는 것은 비난과 정죄가 아니라 사랑과 용서입니다.

하나님께서 다윗을 통하여 보여 주시는 당신의 나라는 인간의 주관적인 정의와 공평이 지배하는 칼과 심판의 나라가 아닙니다. 율법의 나라가 아닙니다. 하나님 나라는 사랑과 용서와 생명의 나라입니다. 왕의 심판과 정죄의 칼이 아니라, 아버지의 사랑과 용서와 회복이 가득한 나라입니다. 그 아버지가 왕으로서 우리를 다스리는 나라입니다.

하나님께서 우리에게 주고자 하시는 것은, 정말로 하나님께서 우리에게 원하시는 것은 요압의 칼이 아니라 다윗의 용서입니다. 넘어지고, 깨지고, 실수하고, 범죄하고, 심지어 하나님 아버지를 미워하고, 하나님을 외면하고, 스스로 하나님과의 모든 관계를 거부하고 끊고 떠나갔지만, 그럼에도 불구하고 다시 안으시고 회복시키시며 그 아들의 자리, 아들의 영광, 아들의 생명을 주시는 것이 하나님의 뜻입니다. 그 모든 복이 이루어지는 나라가 하나님 나라입니다.

그러면 교회에는 어떤 사람이 필요할까요? 예수 그리스도의 몸이며, 하나님의 자녀들 모임인 교회는 어떤 모습을 이루어야 할까요? 교회에는 요압의 정의와 다윗의 사랑 모두가 필요합니다. 그러나 우리가 유의할 점이 있습니다. 우리가 요압이 되기는 쉽습니다. 그리고 많은 사람들이 요압이 되려는 유혹에 빠집니다. 비난과 정죄는 우리의 타락한 본성에 자연스러운 일이고, 이를 통해 자기의 영향력을 발휘하고, 자기 의를 자랑할 수 있기에 쉽게 요압이 됩니다.

그러나 요압은 필요하지만, 모두가 요압이어서는 안 될 뿐더러 요압이 우리가 추구하는 모습이어서도 안 됩니다. 앞에서 이미 언급했지만, 요압의 정의로는 사람을 살릴 수 없기 때문입니다.

교회는 하나님의 생명 공동체입니다. 교회는 죽이는 곳이 아니라 살리는 곳입니다. 교회가 이루어야 할 궁극적인 모습은 다윗이 보여 준 아버지의 사랑입니다. 율법의 정죄는 회개를 일으키고, 사랑과 용서는 생명을 구원합니다. 우리가 하나님 아버지의 자녀라면, 우리를 통해 아버지의 모습이 나타나야 합니다. 그러므로 우리는 아버지의 사랑으로 교회를 이루어야 합니다. 아버지의 사랑과 자비와 긍휼과 용서로 서로를 살려야 합니다.

우리의 가정은 어떠해야 할까요? 검사가 되기보다는 변호사가 되어야 합니다. 검사와 변호사는 모두 필요합니다. 그런데 만약 부부가 서로에 대하여 검사가 되기만 한다면, 그래서 서로의 잘못을 끄집어내고 비난하고 심판하는 것에만 집중한다면 그 가정이 어떻게 유지되겠습니까? 가정을 지키고 보존하는 것은 용서와 자비와 이해입니다.

혹시 우리는 인간의 정의로 사람을 죽이고 있지 않습니까? 율법과 관습으로 비난과 정죄가 난무하고 있지는 않습니까? 우리에게는 아버지의 사랑이 필요합니다. 우리가 이미 받았고, 우리를 살리며, 죽어 가는 자를 살리는, 그 아버지의 사랑으로 우리도 사랑해야 합니다.

다윗은 실패했습니다. 다윗은 압살롬에게 사랑과 용서를 베풀려 했지만, 요압의 칼을 이기지 못했습니다. 무엇보다 한 번 죽은 압살롬을 다시 살릴 수가 없었습니다. 다윗이 아무리 압살롬을 사랑하고 용서하고 싶어도 한 번 죽은 압살롬을 다시 살릴 수 없기 때문입니다.

그러나 하나님 아버지는 결코 실패하시지 않습니다. 그분께서 생명의 주이시기 때문입니다. 그분께서 죽이기도 하시고, 살리기도 하시기 때문입니다. 그분의 사랑은 완전히 성취되었습니다.

예수님께서 우리 대신에 십자가에서 죽으셨습니다. 그때 우리의 모든 죄도 함께 죽었습니다. 하나님의 공의와 정의가 성취되었습니다. 게다가 거기서 끝나지 않았습니다. 예수님께서 부활하셨습니다. 예수님께서 부활하실 때, 예수님을 구주로 믿는 모든 자들에게 영원한 생명, 새로운 생명이 주어졌습니다. 그래서 예수님을 믿는 자는 예수님의 부활과 함께 다시 살았습니다. 죽음을 이긴 것입니다. 죽음을 물리친 것입니다.

그리고 하나님의 그 사랑으로, 아버지의 사랑으로 우리를 살게 하십니다. 그 사랑이 우리를 살게 합니다. 그 무엇도 그리스도 예수 안에 있는 이 아버지의 사랑에서 우리를 끊을 수 없습니다.

> 누가 우리를 그리스도의 사랑에서 끊으리요 환난이나 곤고나 박해나 기근이나 적신이나 위험이나 칼이랴 기록된바 우리가 종일 주를 위하여 죽임을 당하게 되며 도살당할 양같이 여김을 받았나이다 함과 같으니라 그러나 이 모든 일에 우리를 사랑하시는 이로 말미암아 우리가 넉넉히 이기느니라 내가 확신하노니 사망이나 생명이나 천사들이나 권세자들이나 현재 일이나 장래 일이나 능력이나 높음이나 깊음이나 다른 어떤 피조물이라도 우리를 우리 주 그리스도 예수 안에 있는 하나님의 사랑에서 끊을 수 없으리라 _롬 8:35-39

그리스도 예수 안에 있는 그 아버지의 사랑을 의지하십시오. 그 사랑을 기대하십시오. 그 사랑을 받으십시오. 아버지께서 우리를 사랑하십니다. 그 사랑의 초청에 응답하십시오. 그 안에서 힘을 내십시오. 그 복을 누리십시오.

23 왕의 귀환
삼하 19:14-15

압살롬의 반란이 정리되고, 이제 다윗은 예루살렘 왕궁으로 돌아와 자신의 왕좌로 다시 올라갑니다. 그리고 그 길에서 여러 사람을 만납니다. 그들 중 대부분은 다윗을 버리고 압살롬을 택했던 자들이었습니다. 그들은 아마도 다윗의 복권 소식을 들었을 때, 자신들도 곧 압살롬과 같은 비참한 죽음의 심판을 당할 것이라는 두려움에 사로잡혔을 것입니다. 그것이 당연한 세상의 정치적 이치이기 때문입니다.

그러나 다윗은 세상의 왕이 가는 길이 아닌 다른 길을 갑니다. '원수 갚는 보복의 길'이 아닌 '용서와 화해의 길'을 선택합니다. 왜냐하면 다윗의 목적은 자기 개인의 만족이 아닌 무너진 이스라엘의 회복과 갈라진 이스라엘의 하나 됨이기 때문입니다. 그래서 그는 세상이 가지 않는 길, 그러나 하나님께서 기뻐하시는 길, 즉 용서와 화해라는 하나님께서 세우신 왕의 길을 걷습니다. 이 여정은 우리에게도 매우 중요한 의미가 있습니다. 다윗이 걸어간 이 길을 통하여 우리 왕으로 오신 예수님을 볼 수 있기 때문입니다.

다윗이 왕으로 귀환하며 만난 첫 번째 사람들은 이스라엘과 유다의 지도자들입니다. 이스라엘은 하나의 민족이고 나라이지만 그 안에 오래된 분열이 있었습니다. 이스라엘의 남쪽 절반은 유다가, 북쪽 절반은 에브라임을 중심으로 나머지 지파들이 차지했습니다. 이 두 세력 사이에는 긴장과 갈등이 지속되었고, 다윗 이후 솔로몬 사후에는 이 갈등이 폭발하고 굳어져 남유다, 북이스라엘로 완전히 갈라지고 말았습니다.

북이스라엘 사람들은 다윗이 아닌 압살롬을 지지했습니다. 압살롬이 죽고 다윗이 왕이 되는 것은 북이스라엘에게 불행이었습니다. 그런데 압살롬이 죽고 나서 북쪽 이스라엘 사람들이 즉각 태도를 바꿉니다.

압살롬은 싸움에서 죽었거늘 이제 너희가 어찌하여 왕을 도로 모셔 올 일에 잠잠히 하고 있느냐 _삼하 19:10

이는 순간의 위험을 피하려는 정치적 꼼수일 수 있습니다. 그러나 그것이 무엇이든지 간에 그들이 다윗을 왕으로 인정했다는 것은 매우 중요한 의미를 가집니다.

그러면 남유다는 어떨까요? 북이스라엘이 다윗을 공격했다면, 남유다 사람들은 다윗을 외면했습니다. 오히려 왕으로 돌아오는 다윗을 맞이하는 데 주저하는 듯했습니다. 이를 다윗이 책망하자(삼하 19:12) 마음을 돌이켜 하나가 되어 다윗을 왕으로 맞아들입니다(15절).

다윗왕이 돌아옵니다. 그는 '유다만의 왕'이 아니라 남유다와 북이스라엘, 모든 이스라엘의 왕으로 인정받습니다. 그는 자신을 공격한 이스라엘도, 자신을 외면한 유다도, 원수를 따르던 이스라엘도, 자기가 태어난 유다도 차별하지 않고 모두 품고 다스리는, 모든 이스라엘의 왕입니다.

예수님께서 왕으로 오셨습니다. 예수님은 그리스도인들만의 왕으로 오신 것도 아니고, 예수님의 권세와 권위가 교회에만 적용되는 것도 아닙니다. 다윗이 모든 이스라엘의 왕으로 돌아왔듯이, 예수님은 모든 민족과 나라와 백성의 왕으로 이 땅에 오셨습니다. 하나님께서 '하늘과 땅의 모든 권세'(마 28:18)를 예수님께 주셨습니다. 예수님은 모든 것을 다스리시며 모든 것을 통해 하나님의 뜻을 이루십니다.

온 하늘과 땅의 왕이 우리의 주님이십니다. 그분께서 우리의 머리이시고, 우리는 그분의 몸인 교회입니다. 이것이 우리

개인과 교회의 권세이며 소망이자 위로입니다. 절망과 낙심, 염려와 불안이 가득한 현실 속에서 소망을 품을 수 있는 이유입니다. 우리 주님이 우리 왕이시며, 저 세상도 다스리시는 온 땅의 왕이십니다. 그 왕이 오셨습니다.

다윗이 왕좌로 돌아오는 길에 만난 두 번째 사람은 바로 '아마사'였습니다. 이 아마사는 압살롬의 충신이자 용맹한 장군이었습니다(삼하 17:25). 그러므로 아마사는 제거 대상 1순위였습니다. 그런데 다윗은 그런 아마사를 중용합니다(삼하 19:13).

아마사는 실패한 사람입니다. 그의 정치적 판단, 헌신, 수고가 모두 헛것이 되었습니다. 하지만 다윗은 그에게 다시 기회를 주었습니다. 다윗의 부하로서 다윗에게 충성할 수 있는 기회, 더 나아가 온 이스라엘의 왕을 섬김으로 이스라엘 전체를 섬길 수 있는 기회, 그의 인생이 아름다운 열매를 맺을 수 있는 기회를 준 것입니다.

예수님께서도 실패한 사람에게 다시 기회를 주셨습니다. 바로 베드로입니다. 베드로는 실패한 제자였습니다. 예수님께서 십자가에 못 박히실 때, 예수님을 세 번이나 부인하고 예전 어부의 삶으로 돌아갔습니다. 그때 실패와 절망 가운데 물고기를 잡던 그에게 부활하신 예수님께서 나타나셨습니다. 예수님은 세 번 당신을 부인한 베드로에게 당신을 향한 사랑을 세 번 확인하십니다. 그 후 그에게 당신의 양들을 돌보고, 교회를 세우고, 복음을 전하는 놀라운 사역을 맡기시고(요 21:17), 당신께서 걸어가신 순교의 길을 허락하십니다(요 21:18). 살아서 주님의 일을 하고, 죽을 때에 주님과 같은 길을 가는 영광입니다.

왕이신 예수님께서 우리에게도 같은 은혜를 주십니다. 우리는 얼마나 많이 실패했습니까? 믿음대로 살고자 하는 결단이 얼마나 많이 무너졌으며, 하나님 나라와 교회를 위한 섬김과 사역 계획은 얼마나 많이 중단되었습니까? 그러나 우리 주님께서는 다시 기회를 주십니다. 실패하여 주저앉았던 베드로에게 말씀으로는 마음에, 물고기로는 육체에 새 힘을 주셨듯이, 실패하고 멈춘 우리의 마음과 몸에도 말씀과 성령으로 새 힘과 능력 그리고 기회를 주십니다.

세 번째로 다윗이 이어서 '시므이'를 만납니다. 이 시므이야말로 다윗이 다시 권력을 잡으면 가장 먼저 처형되어야 할 사람이었습니다. 압살롬의 위협을 피해 도망가던 다윗을 조롱하고 모욕하며 저주했던 사람입니다(삼하 16:5). 다윗이 다시 왕이 되자 시므이는 재빨리 움직입니다. 급하게 왕을 맞이하고, 부하들과 아들들과 종들을 데리고 와 왕 앞에 엎드립니다. 그리고 자신의 죄를 인정하며 용서를 간구합니다(삼하 19:19). 이 사실이 중요합니다. 그는 다윗 앞에 엎드려 용서를 간구합니다. 다윗은 모욕을 당했던 그때와 같이 이번에도 시므이를 살려 줍니다. 다윗은 그것이 왕으로서 할 일이라고 믿었습니다(삼하 19:22).

시므이와 비슷한 사람이 있습니다. 바로 '바울'입니다. 물론 그들 삶의 여정은 많이 다릅니다. 그러나 시므이가 다윗에게 받은 용서를, 바울은 예수님께 받았습니다. 바울은 원래 복음의 극렬한 반대자였습니다. 신실한 주님의 사람인 스데반이 돌에 맞아 죽을 때 그 일을 돕는 자였고(행 7:58), 스데반의 죽음을 마땅히 여겼으며(행 8:1), 교회를 진멸시키기 위해 믿는 자들을 잡아 옥에 가두었고(행 8:3), 믿는 자들을 죽이기 위해 위협과 살기가 가득했으며(행 9:1) 공권력을 동원해 믿는 자들을 죽이려 했고(행 9:2), 주님을 박해하고 미워했습니다(행 9:4). 그런데 주님께서 그를 용서하셨습니다. 그를 구원하시고, 그의 심령에 성령을 부으셨으며, 그를 주님의 일꾼으로, 복음의 전도자요, 성경의 기록자요, 교회의 개척자로 사용하셨습니다.

왕이신 예수님, 하늘과 땅의 모든 권세를 가지신 그분께서 이 땅에 오셔서 하신 일 중 가장 중요한 일이 무엇입니까? 죄인을 용서하신 것입니다. 주님의 원수들을 받아 주신 것입니다.

우리가 얼마나 주님을 외면했습니까? 얼마나 복음을 거부했습니까? 얼마나 예수님 믿는 사람들을 공격했습니까? 우리가 믿음의 형제자매들 마음을 얼마나 아프게 했으며, 얼마나 그들에게 비난과 상처를 주었습니까?

그런 우리를 주님께서 용서하셨습니다. 우리를 죽이지 않으시고 용서하셔서 그분의 다스림 안에서 새로운 삶을 살게 하셨습니다. 하나님의 영광을 위한 삶, 가장 영광스럽고 복된 삶을 허락하셨습니다.

다윗이 만난 네 번째 사람은 사울의 손자이자 요나단의 아들인 므비보셋입니다. 이 므비보셋은 다윗이 도망 다니는 동안 다윗의 고통을 함께하며 자신의 안락한 삶을 거부했습니다 (삼하 19:24). 그러나 므비보셋은 억울한 누명을 쓰고 있었습니다. 그의 종 시바가 다윗에게 '므비보셋이 다윗을 배신하고 자기 할아버지 사울의 왕조를 회복하려 한다'는 거짓말을 했기 때문입니다(삼하 16:3). 그러나 이제 다윗이 돌아오자 감추어졌던 진실이 드러났습니다. 억울한 누명을 쓰고 살아야 했던 므비보셋의 억울함이 다 풀어졌습니다. 다윗을 향한 므비보셋의 헌신과 마음이 인정을 받았습니다.

우리 주님께서 왕으로 오셔서 당신 백성의 모든 억울함을 풀어 주십니다. 그리스도인들은 때로 믿음 때문에 세상의 조롱과 공격을 받습니다. 모함을 당하고도 말 한마디 저항도 못한 채로, 눈물만 흘려야 할 때도 있습니다. 주를 향한 헌신과 사랑이 칭찬과 인정은커녕, 오히려 아무도 알아 주지 않을 뿐만 아니라 조롱과 비난의 대상이 될 때도 있습니다. 많습니다.

그러나 왕이신 우리 주님께서 우리의 모든 억울함을 풀어 주십니다. 우리는 그 소망 가운데 살아갑니다. 특히, 우리 주님께서 다시 오실 그날에 모든 신자의 눈에서 눈물을 닦아 주실 것입니다(계 21:4). 우리가 당한 모든 원수의 공격을 갚아 주실 것이며, 모든 수고와 헌신을 주님께서 인정해 주실 것입니다. 그래서 우리는 오신 주님의 은혜에 감사하고, 앞으로 오실 주님의 은혜를 기대하며, 소망 가운데 오늘을 살아갑니다.

다윗이 만난 마지막 사람은 '바르실래'입니다. 바르실래는 다윗이 고난을 당할 때 자신의 많은 재물을 사용하여 다윗과 그의 부하들을 섬겼습니다(삼하 19:32). 다윗이 왕권을 회복하면 가장 먼저, 가장 큰 상을 받아야 하는 사람이었습니다(삼하 19:33). 그런데 바르실래는 그 모든 것을 사양합니다. 오히려 그는 겸손히 자신을 낮춥니다. "자신은 이제 나이가 많아 다윗에게 더 이상 도움이 되지 않을 것이다"(삼하 19:35)라고 말하며 그곳에 머뭅니다. 대신에 그의 아들이었을 김함을 다윗과 함께 보냅니다. 자신의 역할은 거기까지라고 생각하였고, 새로운 시대를 위한 새로운 일꾼을 다윗에게 보내어 새로운 시대를 열게 한 것입니다.

왕으로 오신 예수님께서는 당신의 일꾼을 찾으십니다. 그 일꾼이 바르실래 혹은 김함일 수 있습니다. 하나님께서는 우리에게 맡기신 것으로 당신의 나라를 섬기도록 우리를 부르십니다. 더하여 새로운 시대를 준비하도록 새로운 일꾼도 부르십니다. 왕으로 오신 주님의 부르심에 우리가 응답해야 하며, 그 부르심에 순종하여 우리 자신을 드려야 합니다. 우리 주님이 다시 오실 그날까지 주님의 손에 붙잡혀 쓰임을 받는 우리가 되어야 합니다.

우리 주님은 왕으로 이 땅에 오셨습니다. 다윗의 권세와 능력은 비교할 수도 없는, 영원하고 완전한 권세와 위엄과 능력으로 오셨습니다. 주님은 우리와 온 세상과 우주의 왕이십니다. 그분께서 실패한 우리를 일으키셔서 우리에게 새 힘과 기회를 주십니다. 우리를 용서하셔서 당신의 자녀 삼으시고 당신의 일꾼이 되게 하셨습니다. 우리의 모든 억울함과 슬픔을 풀어 주시고 위로하시며, 우리의 모든 수고와 헌신을 인정해 주십니다. 주님께서 다시 오실 그날까지 우리를 사용하십니다.

주님께서 걸으신 길은 우리를 위한 은혜의 길입니다. 동시에 이 길은 주님을 따르는 우리가 걸어야 할 길이기도 합니다. 우리를 통하여 주님의 왕권, 주님의 나라가 확장되고, 주님의 용서와 사랑이 드러나며, 소망과 위로가 펼쳐지기를 소망합니다. 우리가 받은 은혜이며, 우리가 행하고 우리를 통해 드러나야 할 주님의 은혜입니다.

24 왕의 귀환, 환란의 연속
삼하 20:1-2

다윗이 왕좌로 돌아왔습니다. 반란이 정리되었고, 원수들이 항복했습니다. 자신을 반대하던 나라의 반이 이제는 다윗을 왕으로 인정하고, 심지어 먼저 모시려고까지 합니다. 이제 다윗 앞에는 영광과 승리와 기쁨의 길이 펼쳐질 것 같습니다. 이전보다 왕권은 더욱 강력해지고, 나라는 태평성대를 이루며, 모든 문제가 해결되고 평안해지는 그런 꽃길이 펼쳐질 듯합니다. 또 그렇게 되야 한다고 우리는 생각합니다. 그러나 다윗 앞에 펼쳐진 현실은 그렇지 않았습니다. 잠시 숨 돌릴 틈도 없이 곧바로 환란과 고통이 이어졌습니다.

성경은 한 사람의 영웅담, 혹은 신화와 전설이 아닙니다. 그런 이야기들은 보통 '고통과 역경을 극복한 우리의 주인공은 오래오래 행복하게 살았습니다'라고 끝납니다. 그러나 성경은 실제로 일어난 역사를 기록합니다. 하나님께서 당신의 사람들로 하여금 살게 하신 그 현실, 하나님의 사람들이 하나님을 믿는 믿음으로 살아 낸 현실을 성경은 기록합니다. 현실은 말 그대로 현실입니다. 다윗에게나 우리에게나 사는 현실은 비슷합니다. 수많은 고통과 어려움이 끊임없이 이어집니다.

다윗이 왕으로 복귀하자마자, 남쪽 유다와 북쪽 이스라엘 세력 사이에 갈등이 일어납니다(삼하 19:40-43). 다윗을 미워하던 이스라엘과 외면하던 유다가 이제는 누가 다윗을 왕으로 세울 것이며, 다윗의 복귀를 누가 주도할 것인가를 놓고 싸웁니다. 그들의 목적은 다윗이 왕이 되는 것이 아니라, 왕이 된 다윗을 통하여 얻을 수 있는 유익이었기 때문입니다.

뿐만 아닙니다. '압살롬의 반역'을 정리하자마자 또다시 '베냐민 지파 세바'가 반란을 일으킵니다. 세바는 '불량배'였습니다(1절). 그의 행동, 생각과 마음이 불량했습니다. 하나님을 거부하는 자였고, 하나님께서 세우신 다윗왕을 인정하지 않는 자였습니다. 그는 지금의 관점으로 보면 '불량배', '깡패'가 아니라 오히려 상당한 세력으로 사람들의 마음을 훔치는 선동가, 악한 정치인에 가깝습니다. 그는 많은 사람들의 마음을 훔쳐, 다윗을 향해 반란을 일으켰습니다.

세바가 반역을 일으키자 이를 진압하기 위해 다윗은 즉각 아마사에게 군사를 모으라고 명령합니다(삼하 20:4). 이 아마사는 원래 압살롬의 심복이었지만 압살롬 사후에 다윗이 군대 지휘관으로 임명한 사람입니다(삼하 19:13). 그러나 아마사는 세바를 처리하기 위한 다윗의 명령에 신속히 움직이지 않았습니다(삼하 20:5). 왕의 명령이 제대로 실행되지 못했습니다.

아마사로는 일이 안 되니까, 다윗은 이제 요압의 동생인 아비새에게 명령합니다(삼하 20:6). 그러자 아비새의 형 요압이 움직입니다. 요압은 적이라면 물불을 가리지 않는 사람이었고, 사실 아마사가 차지한 자리는 원래 요압의 것이었습니다. 결국 요압이 아마사를 죽입니다(삼하 20:10). 세바의 세력은 날이 갈수록 강력해졌지만, 지혜로운 여인이 요압과 협상하여 세바를 죽여 요압에게 넘김으로 반란은 진압이 됩니다.

이처럼 다윗의 현실은 꽃길이 아니었습니다. 호시탐탐 반란을 노리는 세력들이 여전히 건재합니다. 부하들은 말을 안 듣습니다. 항복하길래 받아 줬더니 제대로 일을 안 합니다. 기존 부하들은 다윗의 인사 명령에 불만을 품어 동료를 미워하고 싸우고 죽입니다. 다윗의 뜻에 순종하기보다 자기 이익과 목적을 위해 마음대로 행동합니다. 하나가 되는 듯이 보였던 나라는 다시 갈라지고, 전쟁은 끊이지 않으며, 갈등도 멈추지 않습니다.

분명히 다윗은 하나님의 은혜를 경험했습니다. 그의 믿음이 회복되었고, 하나님께서 그를 건지셨습니다. 원수들이 무너졌고, 왕권이 회복되었으며, 그는 하나님께서 허락하신 예루살렘성으로, 왕의 성으로 귀환합니다. 하나님의 은혜를 받았는데, 현실은 여전히 어렵고 고통스럽고 혼란합니다. 그런데 이러한 일을 다윗만 겪은 것은 아닙니다. 성경에 기록된 하나님의 사람들 대부분이 이런 현실을 살았습니다.

우상 숭배 속에 살던 아브라함을 하나님께서 직접 부르시고 구원하셨습니다. 뿐만 아니라 그에게 나라와 후손에 대한 약속도 주셨습니다. 하지만 무슨 일이 벌어졌습니까? 그는 갈 바를 알지 못한 채 길을 나서야 했고, 약속의 아들은 너무 늦게 태어났으며, 가정은 갈등이 심했습니다. 여기저기 떠돌며 살았고, 심지어 목숨을 부지하기 위해 아내를 누이라고 속이는 일도 두 번이나 있었습니다. 그것이 아브라함이 만난 현실이었습니다.

모세는 하나님을 직접 봤고, 그 음성을 직접 들었으며, 하나님의 영광으로 얼굴이 빛났던 사람입니다. 하나님의 능력과 기적의 대리자였습니다. 그러나 그의 현실은 고통의 연속이었습니다. 이스라엘 사람들은 수시로 범죄하고 대들고 심지어 모세를 죽이려고 했습니다. 광야 길을 걷고 또 걸어야 했고, 전쟁이 끊이지 않았으며, 심지어 고생 고생해서 다다른 가나안에는 들어가지도 못하고 그 입구에서 자신의 생을 마감해야 했습니다.

예수님께서 이 땅에 오셔서 만나신 현실, 예수님께서 살아가신 현실은 어떠했습니까? 예수님께서 이 땅에 오셨습니다. '시므온'이 평생 간절히 기다리고 바라던 '이스라엘의 위로'가 임하셨습니다(눅 2:25). 그러나 현실에서는 로마가 여전히 이스라엘을 점령하고 있었고, 부패한 종교인들은 여전히 백성들을 속이고 고통에 빠트렸습니다. 오히려 상황은 악화되어 구주이신 예수님을 십자가에 못 박아 죽이기까지 했습니다.

그러면 우리의 현실은 어떠합니까? 주일 지나면 월요일 오듯, 우리의 현실 역시 고통과 슬픔의 연속입니다. 구원의 감격과 기쁨을 누리지만, 그 순간은 잠시이고 이내 힘들고 피곤한 현실로 돌아갑니다. 주일 예배가 얼마나 감격스럽고 기쁩니까. 그러나 우리는 주일이 지나면 곧장 변함없는 직장으로, 세상 속으로 다시 들어가야 합니다. 여전히 팍팍하고 힘들고 어려운, 변함없는 현실을 살고, 그 현실에 화도 나고 실망도 합니다. 그래서 때로는 이 현실을 벗어나고 싶다는 생각도 합니다. 휴가도 가고, 여행도 가지만 다시 현실로 돌아옵니다. 때로는 기도원에도 가고, 수련회에도 가고, 집회에도 가지만, 모든 시간이 끝나면 다시 우리는 현실로, 그 어렵고 힘들고 지친 현실로 돌아옵니다. 그것이 우리의 현실입니다.

그러나 그 현실이 전부가 아닙니다. 바로 그 답답하고 피곤한 현실의 모습이 우리가 사는 현실의 실체, 본질이 아닙니다. 우리가 사는 현실의 본질은, 하나님께서 우리에게 주신 하나님의 현실입니다. 잠시 감격과 기쁨과 은혜를 누리는 순간도, 지치고 아프고 짜증 나는 현실도, 모두 하나님께서 우리에게 주신 하나님의 현실입니다.

하나님께서는 모든 시공간에 충만하십니다. 모든 현실은 하나님 안에 있고, 하나님의 다스림 아래 있으며, 하나님께서 허락하시고 이끄시며 하나님의 뜻을 이루시는 하나님의 현실입니다. 하나님을 벗어난 현실은 없습니다.

우리가 사는 현실은 하나님의 현실입니다. 그리고 하나님께서는 우리에게 그 현실을 살아갈 수 있는 당신의 능력을 주셨습니다. 그것이 바로 믿음입니다. 현실을 살아갈 수 있는, 현실을 뛰어넘는 능력, 그것이 바로 믿음입니다.

우리는 이 현실을 포기할 수 없습니다. 힘들고 어렵고 짜증 나고 지치고, 그래서 다 포기하고 싶고, 도망가고 싶고, 버리고 싶지만, 하나님께서 오늘도 우리의 심령에 말씀하시고, 오늘도 우리에게 성령을 부으셔서 믿음을 주시기에 우리는 또다시 믿음으로 오늘이라는 현실을 살게 되는 것입니다.

우리에게 닥쳐오는 현실의 고난은 믿음의 눈으로 바라볼 때 그 참된 의미를 발견할 수 있습니다. 고난은 참 힘듭니다. 어느 누구도 고난을 좋아하지 않습니다. 그러나 그 고난 역시 하나님께서 우리에게 허락하신 하나님의 현실 속에 있고, 하나님의 뜻을 이루는 도구이며, 그 하나님의 뜻은 우리를 향한 은혜이며 복입니다.

고난의 현실 속에서, 우리는 믿음의 능력을 경험하게 됩니다. 하나님의 도우심을 경험하게 되고, 하나님의 사랑을 깨닫게 되며, 하나님과 동행하는 인생이라는 사실을 확인하게 됩니다. 믿음이 고난을 이기게 하고, 고난이 믿음을 견고하게 하며, 믿음은 우리의 현실이 하나님의 손에 붙잡혀 있음을 깨닫게 합니다. 그래서 하나님의 손에 붙잡혀 있는 현실을 믿음으로 살아 내는 것입니다.

그래서 기독교의 고난은 다른 종교와의 고난과 전혀 다릅니다. 다른 종교에서는 이 땅에서의 고난을 극복하면 구원을 받는다고 가르칩니다. 고난은 나쁜 것이라고 믿습니다. 고난도 이기고 슬픔도 이기고 잘 참고 극복하면 하늘의 복을 받는다고 말합니다. 고진감래가 세상 종교의 교리입니다.

그러나 성경은 그렇게 가르치지 않습니다. 고난 끝에 복이 있는 것이 아닙니다. 구원을 받은 신자도, 받지 않은 불신자도 모두 고난을 당합니다. 고난은 사람을 가리지 않습니다. 신자라고 해서 고난이 피해 가지 않습니다. 하지만 하나님의 복을 받은 사람은 고난 가운데 믿음을 지키며, 하나님과 함께 믿음의 능력으로 그 고난을 이겨 냅니다. 심지어 그 고난과 고통이 떠나가지 않는다 해도, 고난 가운데에서 오히려 하나님을 발견하며, 은혜를 깨닫고 감사하며 찬송함으로 새 힘을 얻어 살아 냅니다. 믿음으로, 하나님의 은혜로 살아 내는 것, 그것이야말로 믿음의 능력입니다.

『천로역정』을 보면, '크리스챤'이라는 사람이 순례의 길을 갑니다. 그는 십자가의 언덕에 올라 예수님을 만나고 모든 죄짐을 내려놓고 구원을 받습니다. 죄 사함을 받고, 거룩하고 영광스러운 새 옷을 입으며, 그 이마에 구원의 표와 인을 받습니다. 주인공이 기쁨에 못 이겨 껑충껑충 뛰면서 찬송하며 하나님께 영광을 올려 드립니다.

그런데 그 부분이 전체 천로역정의 1/3이 되는 지점입니다. 거기서 끝나면 얼마나 좋겠습니까. 그런데 영광의 천성에 들어가기 위한 진짜 천로역정은 바로 그곳에서 시작됩니다. 나머지 2/3가 진짜 천로역정입니다.

천로역정, 천국을 향해 가는 믿음의 길은, 구원을 받기 위하여 가는 길이 아니라 구원을 받은 자만이 갈 수 있고, 구원

을 받은 자만이 가는 길입니다. 순례의 길을 통과하여 구원을
받는 것이 아니라, 구원을 받은 자가 순례의 길을 걸을 수 있
는 것입니다.

우리도 그 순례의 길을 걷는 사람들입니다. 우리는 천성을
향해 가는 나그네입니다. 그리고 그 순례의 길은 고통과 괴로
움이라는 현실입니다. 그러나 우리가 하나님께서 주신 믿음으
로 나아갈 때, 말씀과 성령으로 주님을 따를 때, 하나님의 능
력으로 이 길을 걸으며, 이 길을 걸어가는 가운데에서 이미 하
나님 나라의 영광을 누리고, 그 길의 끝에서 하나님 나라에 다
다라 그 나라의 영원한 복을 소유하며 누리게 될 것입니다.

25 다윗의 왕권과 리스바
삼하 21:10-14

사무엘하 21-24장은 앞의 장들과는 달리 시간 순서에 따라 기록되었다기보다는 사무엘서를 마무리하며 다윗의 왕권과 나라의 성격을 설명하는 데 초점을 맞춥니다. 이스라엘에 3년 기근이 닥쳤습니다(삼하 21:1). 정확히 언제인지는 알 수 없습니다. 구약에는 하나님께서 재앙을 통하여 범죄한 이스라엘을 징벌하신 일이 여러 곳에 기록되어 있습니다. 이 경우도 마찬가지였습니다. 기근의 이유는 '사울의 범죄'였습니다.

여호수아 때 이스라엘이 가나안을 점령해 들어왔습니다. 가나안의 여러 민족들은 이스라엘에 맞서 전쟁을 했지만(수 9:2), '기브온' 사람들은 전쟁 대신 투항을 선택했습니다. 그들은 거짓말로 자신들이 먼 곳에서 온 가난한 사람들이라고 여호수아를 속이고(수 9:6), 조약을 청합니다(수 9:11). 여호수아는 하나님께 묻지 않고 그들과 평화 조약을 맺습니다(수 9:14-15).

이후 그들의 거짓말이 드러나지만(수 9:16), 하나님 앞에서 한 조약이기 때문에 어쩔 수 없이 그들을 받아들입니다(수 9:18). 그 뒤로 기브온 사람들은 이스라엘의 험한 일을 맡아 하면서 함께 살게 됩니다(수 9:21).

바로 이 기브온 사람들을 사울이 학살했습니다(삼하 21:1). 그 이유를 다음과 같이 설명합니다.

사울이 이스라엘과 유다 족속을 위하여 열심이 있으므로 그들을 죽이고자 하였더라 _삼하 21:2

그 당시에 전쟁은 흔히 일어났습니다. 무엇보다 '왕'이 자기 나라를 위한 열심으로 전쟁을 벌이는 것은 당연했습니다. 그러나 사울이 행한 일은 하나님 보시기에 합당한 일이 아니었습니다. 그 이면에 자리 잡은 사울의 욕망 때문입니다. 사울은 자신의 왕권을 강화하고 반대 세력을 제압하기 위해서라면 수단과 방법을 가리지 않는 사람이었습니다. 사울이 정말로 자기 나라와 민족을 위했다면 나라 밖으로 나가 전쟁을 해야 했습니다. 그러나 사울은 손쉬운 상대인 기브온 사람들을 자기 권력을 위한 희생양으로 삼았습니다.

이보다 더 큰 문제는 그들을 보호했던 하나님의 언약, 즉 기브온 사람들을 살려 주었던 하나님의 언약을 사울이 완전히 무시했다는 사실입니다. 이는 결코 하나님께서 기뻐하시는 지도자의 모습이 아닙니다. 세상 관점으로도, 하나님의 관점으로도 이는 합당한 왕의 모습이 아닙니다. 오로지 자기 권력을 위해서 약속을 쉽게 깨트리고, 사람의 목숨도, 하나님의 이름도 가볍게 여기는 자가 어떻게 하나님께서 기뻐하시는 지도자, 왕이 될 수 있겠습니까? 사울은 사람에게 죄를 지었고, 하나님께는 더 큰 죄를 저질렀습니다. 이 둘은 거의 같이 나타납니다. 하나님께 지은 죄가 뿌리가 되어 사람에게 죄를 짓고, 사람에게 지은 죄가 자라나 하나님을 향한 죄가 됩니다.

그러나 다윗은 전혀 다른 모습을 보여 줍니다. 사울의 범죄로 말미암은 하나님의 진노를 깨달은 다윗은 '기브온' 사람들을 찾아갑니다. 그리고 그들에게 용서를 구합니다. "내가 어떻게 속죄하여야"(삼하 21:3)라는 말을 통해, 다윗은 두 가지 죄, 즉 기브온 학살에 대한 도덕적 죄와 하나님 앞에서 언약을 성실히 지키지 못한 신앙적 죄를 함께 인정합니다. 사실 다윗이 저지른 죄가 아닙니다. 그러나 자신이 속한 공동체, 곧 이스라엘의 죄이기에 이스라엘 왕인 다윗이 감당합니다.

기브온 사람들이 '사울의 후손 일곱'을 요구합니다(삼하 21:6). 다윗은 이 요구를 들어줍니다. 지금 우리 관점으로는 조금 잔인해 보입니다. '연좌제'처럼 보이기도 합니다. 그러나 그 당시와 지금 사이에는 큰 문화 차이가 있습니다. 이는 다윗이 할 수 있는 가장 합리적이고 마땅한 행동이었습니다. 이를 통해 다윗 왕권의 중요한 한 측면을 볼 수 있습니다. 바로 '공의' 입니다. 다윗은 죄에 대하여 정확한 심판과 처분을 행하고 있는 것입니다.

사울은 자신의 욕망을 위해 하나님의 언약을 폐기했습니다. 잔인한 범죄를 저질렀습니다. 다윗은 그 언약을 다시 세웁니다. 그리고 그 언약을 지키지 못한 것에 대해 대가를 분명하게 치릅니다. 언약과 불순종, 그리고 그 불순종의 죄에 대한 처벌을 정확하게 행하고 있는 것입니다.

우리는 이 사건을 통해 예수님의 왕권이 어떠한 것인지 알수 있습니다. 예수님은 언약에 신실하십니다. 사울과는 다르십니다. 예수님과 우리 사이에는 여호수아가 기브온과 맺은 것과는 비교도 할 수 없는 훨씬 더 크고 분명한 언약이 있습니다. 바로 예수 그리스도의 피로 맺어진 생명 언약입니다. 하나님께서는 예수 그리스도를 구주로 믿는 자들의 모든 죄를 용서해 주시며 구원해 주신다고 약속하셨습니다. 이를 위해 그리스도께서 십자가에서 피를 흘리셨고, 그 피가 우리의 죄를 씻으며 구원의 보증이 되었습니다.

사울은 언약을 깨고 기브온 사람들을 죽였습니다. 그러나 하나님께서 우리에게 주신 생명의 언약이며, 성자 하나님이신 예수 그리스도께서 실제로 이루시고 성령께서 우리에게 주신 이 구원의 언약을 누가 취소할 수 있으며 무엇이 무너뜨릴 수 있겠습니까? 예수 그리스도의 다스림을 받는 교회와 신자는 어느 누구보다, 그 무엇보다 확실한 구원의 약속 안에 있으며, 이 은혜를 빼앗기지 않을 것입니다.

또한 우리는 공의의 왕이신 예수님을 볼 수 있습니다. 다윗이 사울의 죗값을 심판하였듯이, 예수님께서도 죄인의 죄악을 심판하십니다. 어떤 분들은 예수님을 너무 유약한 분으로만 봅니다. 마치 범죄한 우리를 보시며 어쩔 줄 몰라 하시는 분, 범죄한 자들을 바라보며 안타까움의 눈물을 흘리고 계신 분으로 생각을 합니다. 물론 주님께서는 죄인을 안타까워하시며 용서하기 원하시고, 심지어 그 용서를 이루기 위하여 대신 죄짐을 지셨습니다.

그러나 주님은 심판의 주이기도 하십니다. 예수님을 구주로 믿지 않고, 죄를 회개하지 않는 자에게 예수님은 심판을 행하십니다. 예수님은 당신 백성의 죄를 대신하여 죽으시는 하나님의 어린양이신 동시에, 하나님을 거부하고 예수님을 믿지 않으며 죄를 회개하지 않는 악인을 소멸하는 불로 심판하시는 맹렬한 유다의 사자이십니다.

우리 주님의 오심은 예수님을 구주로 믿어 죄 사함을 받은 자들에게는 복음의 기쁜 소식이지만, 예수님을 거부하고 여전히 죄 가운데 있기로 결정해 회개하지 않는 자들에게는 두려운 심판의 선언이며 확정입니다.

우리 주님의 초림은 죄인을 세상에서 구원하는 구원자로서의 임재였습니다. 그래서 예수님을 구주로 믿는 모든 자들에게 구원의 문이 열렸습니다. 그러나 주님의 재림은 다릅니다. 주님은 재림 때에 당신의 백성은 천국으로 인도하시지만, 주님을 거부한 자들에게는 지옥의 영원한 형벌을 내리실 것입니다. 그 심판을 피할 길은 단 하나밖에 없습니다. 예수 그리스도의 생명 복음을 믿고, 그분을 의지하고 신뢰하는 것 외에는 구원의 길이 없습니다. 그래서 우리는 이 복음을 전해야 합니다. 그리고 이 예수 그리스도의 생명 복음을 듣고 믿어야 합니다.

아직 가장 중요한 문제가 해결되지 않았습니다. 다윗의 공의, 기브온의 복수, 사울과 그 후손에 대한 처벌이 이루어졌지만, 그것으로 기근이 끝나지는 않았습니다. 실제로 기근을 멈춘 것, 다른 말로 하나님께서 이스라엘을 향한 진노를 거두신 이유는 다윗이 아닌 다른 사람 때문이었습니다.

바로 '리스바'입니다. 다윗이 기브온에 사울의 후손 일곱을 내줄 때, 다섯은 사울의 딸 메랍에게서, 둘은 사울의 첩이었던 리스바에게서 데려왔습니다(삼하 21:8). 리스바의 아들 둘이 죽었습니다. 사실 그녀에게는 아들 둘을 지킬 만한 힘이 없었습니다. 사울은 이미 죽었고, 다윗이 왕이며, 심지어 그 사울 때문에 이스라엘에 기근이 들었으니 무슨 말을 할 수가 있겠습니까? 그렇게 무기력하게 아들 둘을 죽음으로 내놓아야 했습니다. 그러나 리스바는 그 이상의 일을 합니다. 아들들의 죽음을 받아들이지만, 아들들의 시체가 짐승들에게 더럽혀지고 모욕당하지 않도록 지킵니다(10절).

이때 리스바는 어떤 마음이었을까요? 다윗을 향한 복수심으로 불탔을까요? 아들들의 죽음에 대한 분노와 슬픔과 억울함으로 가득 찼을까요? 그런 마음이 왜 없었겠습니까?

그러나 성경은 리스바가 '비가 쏟아질 때까지', 곧 하나님의 진노가 풀릴 때까지 그 자리에 있었다고 기록합니다(10절). 그녀의 마음은 하나님을 향해 있었습니다. 하나님의 용서를 간구했고, 하나님의 뜻이 이루어지기를 소원했습니다. 하나님의 뜻을 기다리고, 하나님의 용서를 바라며, 아들들의 죽음을 슬퍼하고, 이 모든 일의 원인이 되었던 사울의 범죄를 상기하며, 하나님을 기다렸을 것입니다.

이 리스바 덕분에 놀라운 일이 벌어집니다. 다윗에게도 역시 지키지 못한 약속이 있었습니다. 사울과 요나단의 시신을 수습하고 장례를 성대하게 치르는 것이었습니다. 리스바의 이야기를 듣고 다윗이 이 약속을 기억해 냅니다. 그리고 사울과 요나단의 장례를 마무리합니다(14절). 그제서야 하나님께서 이스라엘의 기도를 들어주셔서 기근을 멈추시고 이스라엘에 다시 생명의 비, 회복의 비를 내려 주십니다.

강력한 왕 다윗은 하나님의 공의를 이루었습니다. 그러나 하나님의 자비를 이끌어 낸 것은 아무 힘도 없는 리스바였습니다. 다윗은 하나님 공의의 칼이었지만, 리스바는 하나님 자비의 통로가 되었습니다. 다윗이 왕권으로 하나님의 공의를 이루었지만, 리스바는 눈물의 기도와 애통으로 하나님의 자비를 이 땅 가운데 실현했습니다. 우리가 할 일이 바로 이것입니다. 교회는 그리스도의 몸이기에 그리스도께서 행하시는 공의의 도구가 되는 것이 당연하고, 또 그리스도께서 베푸시는 자비의 통로가 되는 것도 당연합니다. 주님은 공의의 왕이신 동시에 자비의 구원주이시기 때문입니다.

우리는 무엇에 더 많은 관심을 기울이고 있습니까? 우리를 통해서 드러나는 교회의 모습은, 우리 주님의 일하심은 무엇입니까? 혹시 우리는 '공의의 심판자'가 되는 일에 더 많은 관심을 기울이고 있지는 않습니까? 오히려 우리가 할 일은 리스바와 같은 자비의 통로가 되는 것입니다. 공의의 칼을 휘두르기보다 회개와 자비와 용서와 애통의 눈물로 주님의 은혜를 간구하고 기다리는 것이 우리가 더욱 힘써야 할 일입니다.

주님 앞에 먼저 자기의 죄를 회개하고, 다른 이들을 위하여 울며 기도하고, 하나님의 자비를 전하는 자가 되어야 합니다. 모두 공의의 칼만 들고 심판만 행한다면 어떻게 되겠습니까? 더러운 상처를 잘라 내다 못해 팔다리까지 잘라 낼지 모릅니다.

썩은 상처를 도려내는 칼도 필요하지만, 상처를 덮어 새 살을 돋게 하는 붕대도 필요합니다. 다윗이 공의의 칼을 휘두를 때, 리스바는 붕대가 되고 반창고가 되어 이스라엘의 상처를 자신의 눈물로 덮었습니다. 오늘 우리에게 이 기도가 필요합니다. 이 눈물이 더더욱 필요합니다. 주님의 공의를 이루며, 주님의 자비를 전하여 서로 덮는 기도의 눈물이 간절히 필요한 시대입니다.

서로 상처를 참 많이 주고받습니다. '내가 옳다'라는 자기 확신은 공의를 이루기도 하지만, 때로는 깊은 상처를 서로에게 주기도 합니다. 그러나 '내가 모자라다, 내가 실수했다, 내가 약하다'라는 인정과 겸손은 주님의 자비의 통로가 되어 상처를 치유합니다. 그것이 또한 주님께서 우리 가운데 행하신 일입니다.

26 성벽을 뛰어넘나이다
삼하 22:29-31

성령 하나님께서는 성경을 통하여 우리에게 하나님을 알려 주시고, 우리를 하나님께 인도하여 하나님과 깊은 교제를 누리게 하십니다. 성령께서는 우리가 이러한 말씀의 유익을 더욱 풍성히 누리도록 우리에게 두 가지 은혜의 도구를 주셨습니다. 하나는 묵상이고, 다른 하나는 기도입니다. 우리는 성경 곧 하나님의 말씀을 묵상하고, 하나님의 말씀으로 하나님께 기도합니다.

묵상은 우리에게 하나님을 알려 줍니다. 기도는 우리를 하나님께로 이끕니다. 묵상은 하나님을 아는 일이며, 기도는 하나님과의 사귐입니다. 우리는 묵상으로 하나님께 나아가며, 기도로 하나님과 동행합니다. 묵상은 하나님께서 하신 일을 기억하게 하며, 기도는 하나님께서 하실 일을 기대하게 합니다. 묵상은 하나님께서 행하신 일을 감사하게 하고, 기도는 하나님의 능력에 소망을 품고 경탄하며 찬송하게 합니다. 묵상은 믿음을 일으키고, 기도는 믿음을 강하게 합니다.

묵상과 기도는 우리 삶에 놀라운 변화를 일으킵니다. 하나님을 아는 지적인 반응이 우리 감성을 깨우쳐 경탄과 찬송을 올려 드리는 정서적 반응을 이끕니다. 우리의 지성과 정서가 하나님 앞에 반응하면, 이제는 새로운 삶을 살고자 하는 의지적 반응, 결단이 우리 안에서 일어납니다. 우리의 지정의, 전인격이 말씀 묵상과 기도로 하나님 앞에 새로워집니다. 이것이야말로 성령께서 말씀을 통하여 우리 안에 행하시는 놀라운 은혜의 역사입니다.

그래서 묵상, 기도, 찬송을 통해 우리는 실제로 하나님의 은혜를 경험합니다. 묵상은 설교가 되고, 설교는 묵상을 풍성하게 합니다. 기도는 찬양이 되고, 찬양은 기도를 깊게 합니다. 이 모든 일이 일어나는 사건이 '예배'입니다. 그러므로 예배는 단순히 시간과 장소와 형식을 갖춘 종교 예식이 아닙니다. 하나님 말씀을 묵상하여 하나님을 알고, 하나님께 기도를 드림으로 하나님을 기대하고 소망하며, 하나님께 찬송을 드림으로 하나님의 놀라운 은혜에 경탄과 감사를 드리며 새로운 삶을 시작하는 것입니다.

다윗은 이스라엘의 왕이었습니다. 그는 단순한 왕이 아닙니다. 그는 찬송하는 사람이었고, 예배자였으며, 무엇보다 말씀을 묵상하고 기도하는 사람이었습니다. 그는 하나님을 아는 신학자였고, 하나님을 찬양하는 예배자였으며, 믿음의 삶을 살아가는 하나님의 사람이었습니다. 최고의 시인이며, 최고 가수이며, 최고의 신학자이자 설교자였으며, 최고의 말씀의 실천가였습니다. 그러한 다윗의 모습, 그리고 묵상과 기도와 찬송의 은혜와 능력이 사무엘하 22장에 그대로 기록되어 있습니다.

시를 죽이는 가장 효과적이고 치명적인 방법은 시를 분석하는 것입니다. 시를 밖에서 관찰하는 것은 시를 구경하는 것이지 누리는 것이 아닙니다. 반대로 시를 가장 잘 이해하고 누릴 수 있는 방법은 그 시 속으로 들어가는 것입니다. 시인의 상황, 정서, 의지를 함께 공유하는 것이 시를 가장 잘 이해하고 누리는 방법입니다. 사무엘하 22장은 다윗의 노래입니다. 하나님을 향한 찬양입니다. 이 사무엘하 22장, 그리고 같은 찬송을 기록한 시편 18편을 읽으시면서 묵상하고 기도하고 찬양하십시오.

다윗은 하나님을 찬양합니다. 하나님께 다양한 이름을 붙여 드립니다. '반석, 요새, 건지시는 이, 방패, 구원의 뿔, 망대'(삼하 22:2-3)라고 부릅니다. 이 이름들은 단순한 호칭, 혹은 은유가 아닙니다. 이는 다윗이 자신의 삶 속에서 실제로 경험하고 만난 하나님의 성품이고, 하나님의 일하심이며, 하나님 자체이십니다.

사무엘하 22장 4절부터 19절까지, 다윗이 경험한 수많은 환란과 위험이 기록되어 있습니다. 우리는 사무엘서를 통해서 다윗이 얼마나 많은 어려움을 겪었는지 알고 있습니다. 그 수많은 고통과 시련 속에서 다윗은 하나님을 경험했습니다. 그 절정의 찬송이 바로 사무엘하 22장 20절입니다. 그의 인생을 관통하는 고백이며 찬송입니다.

나를 또 넓은 곳으로 인도하시고 나를 기뻐하시므로 구원하셨도다 _삼하 22:20

당신은 하나님께 어떤 감사를 드리고 있습니까? 당신은 하나님을 어떻게 부르고 있습니까? 하나님? 아버지? 교회에서 배우고 다른 사람들이 부르는 하나님의 이름이 아니라, 당신이 실제로 경험했기에 고백하는, 당신의 마음과 영혼에서 터져 나오는 하나님의 이름은 무엇입니까? 방패이십니까? 요새이십니까? 치료자이십니까? 빛이십니까? 길이십니까? 진리이며 생명이십니까?

당신의 찬송은 그저 노래입니까? 아니면 경험의 고백이며 증거입니까? 다윗은 극심한 환란과 슬픔과 고통 속에서 자신을 건져 주신 하나님을 찬송합니다. 그 하나님을 높여 드리며 그 이름을 선포하며 증거합니다.

그렇게 하나님의 구원을 찬송한 다윗은 뜻밖에도 하나님 앞에서 자신을 자랑하는 듯한 모습을 보여 줍니다(삼하 22:21-28). "내가 공의를 행하고 손을 깨끗하게 하였으니 하나님께서 그에 합당한 상을 주셨다"(삼하 22:21), "내가 하나님의 말씀을 지키고, 악을 행하지 않았다"(삼하 22:22), "심지어 나는 하나님 앞에 완전했고, 또 스스로 죄를 피했다"(삼하 22:24)라고 말할 정도입니다.

그런데 우리는 순서를 눈여겨봐야 합니다. 만약 다윗이 자신의 의로움을 자랑하고 하나님의 구원을 찬송했다면, 이는 분명히 자기 행위와 의를 자랑하는 것입니다. 하지만 다윗은 반대로 노래합니다. 하나님의 구원을 먼저 찬양하고, 이어서 자신의 의로움, 자기 행위를 노래합니다. 즉, 자신이 자랑하는 의는 자기가 만들어 낸 것이 아니라 하나님께서 구원하심으로 주신 선물이라는 것입니다. 하나님께서 베푸신 구원의 은혜가 자신의 삶을 어떻게 바꾸어 가고 있는지, 하나님의 은혜를 받은 자신의 삶이 어디로, 무엇을 향해 가는지를 보여 주는 것입니다.

다윗은 이제 하나님의 은혜로 변화된 자신의 삶을 증거합니다. 수많은 고통과 괴로움으로부터 하나님께서 그를 건져 주셨습니다. 이제 그는 하나님께 사로잡혀 하나님의 뜻대로 살아갑니다. 그러한 삶이 누리는 놀라운 능력, 그러한 삶에 허락된 하나님의 은혜를 다윗은 찬송하고 기도하며, 우리에게 그 놀라운 하나님의 능력과 사랑을 선포합니다.

하나님은 등불이십니다(삼하 22:29). 내 인생의 모든 어둠, 나를 헤매게 하고 소망을 잃어버리게 했던 그 모든 어둠을 빛이신 하나님께서 밝혀 주셨습니다. 아무리 깊은 어둠도 가장 작은 빛을 이길 수 없습니다. 아무리 깊은 어둠도 작은 빛이 비취면 물러갑니다. 빛이신 하나님께서 다윗 앞에 그 빛을 비추시자 어둠이 물러갔습니다.

그리고 이제 다윗은 나약한 존재가 아닙니다. 가만히 주저앉아 있는 존재도 아니고, 얽매여 갇혀 있는 존재도 아닙니다. 다윗은 이제 적진으로 달려 들어가 원수를 물리치고 자신을 가로막는 담과 성벽을 뛰어넘는 용맹한 전사입니다(삼하 22:30). 이제 그는 하나님을 의뢰하고, 하나님을 의지하며, 하나님과 함께하기 때문입니다.

그는 이제 자유롭습니다. 하나님의 보호 아래 평안합니

다(삼하 22:33). 그의 발이 사슴과 같아 높이 뛰어오르며(삼하 22:34), 그의 손이 용맹한 용사의 팔이 되어 원수를 물리치고 원수를 향하여 활을 쏩니다(삼하 22:35). 그의 걸음이 이제는 위축되지 않고, 넓게, 당당하게 걸음을 걸으며, 그 발이 미끄러지지 않고 힘차게 나아갑니다(삼하 22:37). 환란에서 건짐을 받은 다윗은, 이제 모든 원수를 물리쳐 승리를 쟁취하는 강력한 하나님의 용사가 되었습니다. 그는 이제 막힌 담을 뛰어넘고, 자기를 가두었던 성벽을 넘어, 원수를 물리치고 승리하며 세상의 으뜸이 될 것입니다(삼하 22:44). 이것이 하나님께서 다윗에게 베푸신 놀라운 은혜이며, 다윗이 누리는 승리의 역사입니다.

지금까지는 다윗이 자신의 인생 가운데 경험하고 누린 하나님의 은혜를 높여 부르는 자신의 신앙 고백과 결단과 감사의 찬송이었습니다. 사무엘하 22장 50절은 그 마무리와 같습니다. 이렇게 다윗의 찬송이 마무리되는 듯합니다. 그런데 다윗의 찬송은 마지막에 가서 갑자기 큰 변화를 일으킵니다.

마지막 사무엘하 22장 51절에 가서 다윗의 위치가 바뀝니다. 지금까지 다윗은 예배자요, 찬양하는 사람이었습니다. 그런데 이제 그는 선지자, 예언자가 됩니다.

여호와께서 그의 왕에게 큰 구원을 주시며 기름 부음 받은 자에게 인자를 베푸심이여 영원하도록 다윗과 그 후손에게로다 _삼하 22:51

다윗은 '하나님께서 나에게'라고 말하지 않습니다. 자기 자신이 하나님께서 세우신 왕이며, 하나님의 기름 부음을 받은 자이지만, 다윗은 '나에게'라고 하지 않고, '다른 왕, 다른 기름 부음 받은 자'를 말합니다.

하나님께서 '그의 왕'에게 큰 구원을 주실 것입니다. 하나님께서 '하나님의 기름 부음을 받은 자, 곧 메시아'에게 인자를 베푸실 것입니다. 그리고 그분은 '다윗의 후손'이시고, 영원히 하나님의 구원과 인자를 받아 누리실 것이며, 하나님께서 세우신 왕으로서 다스리실 것이고, 하나님의 기름 부음을 받은 자로서 메시아의 사역, 당신 백성을 구원하는 일을 감당하실 것입니다.

지금까지 다윗이 찬양했던 그 왕은 다윗 자신이 아닌 다른 왕이었습니다. 자기 백성을 구원하실 왕, 자기 백성에게 새로운 삶을 주실 왕, 자기 백성에게 승리를 주실 왕, 모든 원수, 죄와 사망이라는 최종적인 원수의 공격까지 물리쳐 자기 백성에게 새로운 생명을 주실 왕을 노래한 것입니다.

이 왕이 누구일까요? 영원히 하나님의 구원을 베푸실 하나님께서 세우신 왕, 영원히 하나님의 인자를 이루실 하나님의 기름 부음을 받을 자, 영원하도록 하나님의 구원과 인자를, 승리를, 영광을 이루실 자, 동시에 다윗의 후손이신 자.

바로 예수 그리스도를 가리킵니다. 다윗은 예수 그리스도를 바라보고 있습니다. 다윗은 하나님의 말씀을 깊이 묵상했습니다. 그 말씀을 붙들고 하나님 앞에 기도했습니다. 자신의 삶에서 경험하고 누린 하나님의 은혜를 찬송하며 하나님 앞에 나아갔습니다. 그리고 그는 예수 그리스도를 바라봅니다. 영원한 왕, 영원한 구원자, 영원하고 완전한 승리의 주이신 예수 그리스도를 찬송합니다. 그분 안에 있는 구원을, 그분 안에 있는 승리와 새로운 삶을 찬양합니다.

예수 그리스도를 믿는다는 것은 이 모든 것을 소유하는 놀라운 은혜와 능력의 역사입니다. 이것이야말로 우리에게 정말로 필요한 은혜가 아닙니까? 우리 영혼이 눈을 들어 하나님을 바라보기를 소원합니다. 우리 마음이 하나님을 알고, 간절히 그분을 바라기를 바랍니다.

그리고 그때에 우리는 우리의 구주요 우리의 왕이신 성자하나님 예수 그리스도를 보고 믿습니다. 믿음으로 그분을 알고, 보며, 경험하고 함께합니다.

27 하나님 나라와 우리의 현실
삼하 23:1-7

본문은 '다윗의 마지막 말'입니다. '시간상 마지막으로 한 말, 즉 유언'이라기보다는 그 내용이 '최종적'이라는 의미입니다. 다윗의 전 인생을 설명하며, 그 인생이 무엇을 위한 삶이었는지를 알려 주는 가장 중요한 말이라는 의미입니다.

다윗은 자신을 소개하기 위해 가장 중요하고 의미 있는 '왕'이라는 호칭이 아닌 '이새의 아들', 곧 '누구의 아들'이라는 표현을 사용합니다. 당시에는 가장 일반적이고 평범한 말이었습니다(1절). 더 나아가 자신을 가리켜 '높이 세워진 자', '하나님께로부터 기름 부음을 받은 자'(1절)라고 표현합니다. 모두 수동형입니다. 여기서 '자'로 번역된 단어는 평범한 사람, 보통의 한 남자를 가리키는 단어입니다. 다시 말해 다윗은 "나는 그냥 평범한 한 인간에 불과하다. 내가 높아지고 기름 부음을 받은 것은 내가 잘해서가 아니라 하나님께서 내게 특별한 은혜를 허락하셨기 때문이다"라고 자신을 소개하고 있는 것입니다. .

그러한 다윗이 유일하게 능동적으로 표현하는 일이 하나 있습니다. 다윗은 자신을 가리켜 '이스라엘의 노래 잘하는 자'라고 표현합니다(1절). 다윗은 '노래'하는 사람이었습니다. 어떤 노래일까요? 다윗은 "여호와의 영이 나를 통하여 말씀하심이여", "그(하나님)의 말씀이 내 혀에 있도다"라고 말합니다(2절). 즉, 다윗의 노래는 성령께서 그의 입술에 주신 하나님의 말씀이었습니다. 다윗은 하나님의 말씀을 선포하고 전하는 자였습니다.

다윗은 "나는 이스라엘의 위대한 왕이다. 나는 블레셋을 물리쳤다. 나는 골리앗을 죽였다. 나는 수많은 공격과 유혹과 반란을 이겨 내고 위대한 왕좌를 지켰다. 나는 이스라엘에 놀라운 번영과 풍요를 가져왔다"라고 말하지 않습니다. 그것이 자기 인생의 의미를 결정짓는 것도 아니었습니다.

다윗은 "나는 하나님 말씀의 사람이다. 나는 그저 평범한 한 인간에 불과하지만, 하나님께서는 내게 당신의 말씀을 주셨고, 그 말씀이 내 평생의 목적이며, 내 인생의 가치이고, 나의 정체성이다"라고 말하고 있습니다. 그것이 자기 인생에 대한 최종적인 설명입니다.

당신은 당신의 인생을 최종적으로 정리하며, 설명하고 소개해야 한다면 어떻게 정의하시겠습니까? 내가 무엇을 위하여 살았고, 무엇을 이루었으며, 어떤 칭찬과 명예를 얻었는지 마지막으로 말해야 할 때, 당신은 당신의 인생을 무엇이라고 말씀하시겠습니까?

다윗이 평생을 통하여 증거하고 전한, 그리고 자기 인생의 목적과 비전으로 품었던 그 하나님 말씀이 무엇인지 사무엘하 23장 3-7절에 기록되어 있습니다.

하나님께서 그에게 주신 말씀은 '왕'에 관한 말씀이었습니다. 다윗은 하나님께서 세우신 왕이었으나 불완전하고 모자랐습니다. 하나님께서는 대신 다윗에게 궁극적이며 영원하고 완전한 당신의 왕을 알려 주셨습니다. 하나님의 왕, 하나님께서 택하시고 세우신 왕은 '공의'와 '하나님을 경외함'으로 백성을 다스리는 자입니다(3절). 곧, 통치 수단은 공의, 곧 하나님 말씀과 뜻이며, 통치 목적은 하나님을 경외하는 삶입니다. 그래서 그 왕의 통치는 하나님의 뜻이 이루어지는 것이고, 백성들은 하나님께 예배드리며 그 삶 속에서 하나님의 뜻에 순종함으로 하나님께 영광을 올려 드리게 됩니다.

그러므로 그러한 왕의 위엄과 능력과 영광은 사람의 그것과는 본질적으로 다릅니다. 그 왕의 영광은 아침에 떠오르는 태양의 빛과 같습니다. 구름 없는 아침 같고 비 내린 후의 광선으로 땅에서 움이 돋는 새 풀 같습니다(4절). 그의 영광의 빛이 비칠 때 만물이 새로운 생명을 얻고, 모든 어둠이 물러갑니다. 하나님께서는 그 왕을 다윗에게 약속하십니다.

다윗은 또한 이렇게 선포합니다. "내 집이 하나님 앞에 이같지 아니하냐"(5절). 하나님께서 다윗 자신과 영원한 언약을 세우셨고, 모든 구원과 소망을 이루실 것이라고 고백합니다. 다윗의 집에 이 왕의 약속을 주셨고, 다윗의 집을 통하여 이 약속을 이루실 것이며, 그 약속이 이루어질 때 모든 사람들의 구원과 소망이 이루어질 것입니다. 다윗이 아닌 다윗의 집에서 날 자, 다윗의 후손으로 오실 자가 이 모든 구원과 소망과 언약을 이루실 왕입니다.

바로 예수님입니다. 다윗은 자기 인생의 최종적인 목표, 최종적인 가치, 가장 중요한 목적을 성령으로 완전히 충만하여 고백하고 노래하고 선포합니다. 그는 예수 그리스도의 통치를 선포합니다. 예수 그리스도의 구원을 예언합니다. 완전한 왕으로 오셔서 당신 백성을 구원하시고 생명으로 인도하시며 영원한 천국으로 인도하실, 모든 죄와 사망을 물리치시고, 저주와 심판의 어둠에서 생명의 빛으로 건지실 그 왕, 예수 그리스도를 다윗은 선포합니다. 그것이 하나님께서 다윗에게 맡기신 말씀이었으며, 그 사실을 증거하고 전하는 것이 그의 인생의 전부였습니다.

그런데 본문은 거기에서 마무리되지 않습니다. 예수님에 대한 영광스러운 예언으로 끝나지 않고, 갑자기 다윗의 용사들 명단을 기록합니다. 다윗의 마지막 말을 기록하면서 다윗과 함께한 용사들의 이름도 같이 기록합니다. 이 자체만으로도 우리는 귀한 교훈을 찾을 수 있습니다.

이 명단은 다윗의 왕권과 이스라엘이 세워지는 데 수많은 동역자들의 헌신이 있었음을 보여 줍니다. 다윗 혼자 힘으로 이루어진 것이 아니었습니다. 유명, 무명의 용사들, 그 외에도 수많은 사람들의 헌신과 수고로 다윗 왕권이 세워지고 그 나라가 이루어진 것입니다. 이 명단은 다윗이 예언한 예수 그리스도의 나라가 어떤 나라인지, 하나님께서 그 나라를 어떻게 세우시는지 우리에게 알려 줍니다. 그런데 이 명단에 단순히 행정적, 사무적으로 다윗의 부하들이 전부 기록된 것은 아닙니다. 이 명단에는 분명한 의도가 담겨 있습니다.

이 명단에 여러 이름이 등장하지만, 특히 무명한 세 명의 용사를 자세히 기록합니다. 다윗은 전쟁 중에 고향 베들레헴의 물을 그리워했습니다(삼하 23:15). 이때 무명의 세 용사가 죽음을 무릅쓰고 적진을 뚫고 들어가 그 물을 길어 옵니다. 그런데 다윗은 차마 그 물을 마시지 못하고 그 물을 하나님께 부어 드립니다(삼하 23:16). 다윗은 땅에 물을 부었지만, 그 물은 하나님께 올려진 거룩한 제사의 물이었습니다. 어느 값진 포도주보다 귀한 물이었습니다. 이 용사들의 마음은 단순히 다윗을 향한 충성이 아닙니다. 다윗의 마음과 함께하는 마음, 곧 하나님 나라와 뜻을 사랑하고 이를 위해 헌신하는 다윗과 같은 마음이었습니다. 그렇게 기록된 많은 사람들이 다윗과 마음을 같이하여 싸움에 임했습니다.

마지막으로 우리아의 이름이 기록되어 있습니다(삼하 23:39). 우리아는 다윗에게 마음 깊이 박힌 가시 같은 존재입니다. 다윗 인생의 최대 실수, 최대 실패가 바로 우리아였습니다. 다윗이 우리아의 아내와 간음을 저질렀고, 이를 감추려고 우리아를 죽였습니다. 그런데 그 우리아의 이름이 다윗의 용사 명단에 기록되어 있습니다. 감추고 싶은 이름입니다. 다윗의 업적을 기록하고, 다윗의 이름을 높이기 위해서라면 지워야 할 이름입니다. 그럼에도 그 이름이 버젓이 기록되어 있습니다.

다윗은 하나님의 뜻에 순종하며 하나님 나라를 이루어 갔습니다. 그 일에 수많은 용사들과 동역자들이 함께했습니다. 그들 중에는 유명한 장군도 있었고, 무명의 용사들도 있었습니다. 큰 업적을 남긴 사람도 있었지만, 겨우 이름만 남긴 사람들도 있었습니다. 마음을 다하여 충성과 헌신을 드린 사람도 있었지만, 죄악과 좌절과 실패의 이름도 있습니다.

이 모든 이름들이 가진 공통점이 있습니다. 바로 '현실'이라는 것입니다. 그들은 정말로 존재했던 사람들이고, 실제로 살면서 다윗과 함께한 사람들입니다. 다윗이 살면서 만난 사람들이며, 다윗과 함께 살아간 현실의 이름입니다.

위대한 다윗의 나라는 지극히 현실적인 사람들의 현실적인 사건들로 이루어졌습니다. 유명, 무명, 성공, 실패, 거룩, 죄악 등 우리가 실제로 살아가면서 겪는 수많은 현실이 모여 하나님의 뜻 아래에서 연결되어 다윗의 나라를 이루어 간 것입니다.

교회도, 하나님 나라도 그렇게 이루어져 갑니다. 교회는 이 세상에서 가장 거룩하고 영광스러우며 이상적인 비전을 품고 있는 공동체입니다. 바로 하나님 나라입니다. 천국입니다. 그것만이 아닙니다. 이 세상의 그 무엇과 비교할 수 없는, 바꿀 수 없는 생명의 진리를 품은 공동체입니다. 그래서 교회는 이 세상의 그 어떤 모임보다 거룩하고 영광스러우며 강력합니다.

그런데 우리의 실제 모습은 어떠합니까? 그리스도인 한 사람 한 사람의 삶은 어떠합니까? 우리 교회의 실제 모습은, 실상은, 현실은 어떠합니까? 경건과 거룩과 영광과 기쁨만 있는 것은 아닙니다. 갈등, 미움, 실수, 실패, 죄악이 또 한편에 자리 잡고 있습니다.

우리는 가끔 우리가 품고 있는 비전과 이상이 우리가 살아가는 현실을 바꾸어 주길 바랍니다. 그래서 우리는 우리의 현실도 그렇게 거룩하고 영광스럽기를 바랍니다. 그렇지 않으면 화내고 실망하고 돌아섭니다.

그러나 우리가 품고 있는 소망과 비전, 하나님 나라는 영광스럽고 아름답고 찬란하지만, 우리가 살아가고 있는 현실은, 말 그대로 현실입니다. 아프고, 힘들고, 짜증 나고, 지치고, 실망스럽고 넘어지게 합니다. 전쟁터입니다.

그런데 하나님께서는 바로 그 현실들을 통하여 이 땅에 당신의 교회를 세우십니다. 그리고 그 당신의 교회를 통해 이 땅 가운데 당신의 나라를 이루십니다. 다윗의 용사들 이름이 기록된 것처럼, 하나님의 교회, 하나님 나라를 세우는 벽돌로 우리 한 사람 한 사람을 사용하시며, 우리가 지지고 볶고 있는 그 현실을 사용하십니다. 교회는 그리스도의 몸이며, 우리는 그 몸의 지체이기 때문입니다. 그래서 우리의 현실을, 우리 자신을 사용하시는 것입니다. 붙드시는 것입니다. 다윗의 부하들이 일상의 싸움을 함으로써 그 나라를 이루었듯이, 우리도 우리의 일상을 살아갈 때, 하루하루 믿음대로, 말씀대로 살기 위해 애쓰고, 고군분투하고 버텨 내는 그 일상을 통해 하나님께서는 교회를 이루시고 당신의 나라를 이루십니다.

우리가 비록 '이새의 아들'처럼 그저 한 사람일 뿐일지라도, 그저 평범하게 일상의 현실을 고군분투하며 살아가는 한 사람일지라도, 특별하고 신비한 능력도 없고, 세상을 압도할 만한 힘도 명예도 없다 해도, 하나님의 성령이 우리 안에 충만하고, 주님의 말씀이 임하시며, 우리가 주님의 몸 된 교회이기에, 주님께서 우리를 사용하셔서 거룩한 당신의 나라를 이루시는 것입니다.

그것이 우리의 일상입니다. 그것이 우리의 현실입니다. 그것이 우리가 살아가는 오늘이며, 그것이 하나님께서 우리에게 주신 우리 각자의 이름입니다. 그래서 저 천국에 가면 우리 이름이 박힌 벽돌로 지어진 하나님 나라를 우리가 볼 것입니다. 우리가 그 나라를 세우는 찬란한 보석임을 확인하게 될 것입니다.

다윗은 선지자로서 우리에게 영원한 하나님 나라를 보여 줍니다. 하나님께서 우리에게 보내신 왕 예수 그리스도를 알려 줍니다. 하나님 나라의 백성으로 살아갈 우리의 영광도 보여 줍니다. 우리는 그 은혜를 보고 들었으니, 이제 우리의 삶 가운데 이를 누리며 견디며 살기만 하면 됩니다.

28 여호와를 위하여 제단을 쌓고

삼하 24:18-25

사무엘하 24장 1절은 큰 벽과 같습니다. 하나님께서 이스라엘을 치시려고 다윗을 격동시키셔서 그로 하여금 이스라엘의 인구를 조사하게 하셨습니다. 하나님께서 다윗에게 악을 행하게 하셨고, 그렇게 다윗이 악을 저지릅니다. 하나님께서는 그에 대한 심판을 내리시는데, 그것은 백성들에게 임하는 죽음이었습니다(삼하 24:15). 우리의 이성과 합리성으로는 쉽게 이해되지 않고, 받아들이기 어려운 내용입니다. 그러나 본문을 잘 살피면, 충분히 그 의미와 교훈을 찾을 수 있습니다.

첫째, 이 모든 일은 "여호와께서 다시 이스라엘을 향하여 진노하사 그들을 치시"기 위해 일어났습니다(삼하 24:1). 단순히 다윗 한 개인의 일이 아니라 이스라엘 전체를 향한 하나님의 진노입니다. '다시'라는 말이 매우 중요합니다. 하나님께서는 '다시' 이스라엘을 향하여 진노하셨습니다. 이스라엘이 예전에 하나님 앞에 저질렀던 죄악을 다시 저질렀고, 이에 대하여 하나님께서 전과 같이 진노하셨음을 의미합니다. 그 죄악이 무엇인지는 이후에 나타납니다.

둘째, 하나님께서 다윗을 '격동시키셨다'라는 말이 쉽게 이해되지 않습니다. 같은 사건을 기록한 역대상 21장 1절은 상당히 다른 사실을 알려 줍니다.

사탄이 일어나 이스라엘을 대적하고 다윗을 충동하여 이스라엘을 계수하게 하니라 _대상 21:1

역대상에는 이 사건이 '사탄이 이스라엘을 대적, 공격'한 일이며, 다윗을 충동한 존재가 하나님이 아니라 '사탄'이라고 기록되어 있습니다. 두 본문이 같은 사건에 대하여 그 원인을 너무나 다르게 설명합니다. 그러나 이는 전혀 모순되지 않습니다.

사탄은 늘 하나님의 백성을 공격합니다. 그러나 사탄이 단독으로, 마음대로 할 수 없고 반드시 하나님의 허락이 있어야만 수 있습니다. '욥'이 당했던 어려움이 대표적인 예입니다(욥 1:12). 사탄이 욥을 공격하려 할 때 하나님께서는 공격의 범위와 정도까지 정해 주십니다.

사탄이 아무리 하나님의 자녀를 공격해도 하나님의 뜻을 넘어설 수 없고 반드시 제한됩니다. 사탄은 하나님께서 범죄한 당신의 자녀를 위하여 사용하시는 징벌 혹은 경고의 도구일 뿐입니다. 그래서 하나님의 자녀는 사탄, 혹은 악한 영적 세력들을 과도하게 두려워하거나 불안해할 필요가 없습니다. 그 어떤 피조물도 하나님의 사랑에서 우리를 끊을 수가 없기 때문입니다.

그런 면에서 이 사건을 이해할 수 있습니다. 다시 말해 이스라엘이 하나님 앞에서 심각하게 다시 범죄하였고, 하나님께서 그 이스라엘을 징계하시는 도구로 사탄의 활동을 일시적으로 승인하셨으며, 그 사탄의 활동이 다윗을 유혹하여 인구를 조사하는 것으로 나타난 것입니다. 사탄은 유혹하였고, 다윗과 이스라엘은 스스로 그 유혹에 넘어가 범죄하였으며, 이 모든 일을 통해 하나님께서는 범죄한 이스라엘과 다윗을 벌하시고 죄에서 돌이키도록 이끄신 것입니다.

셋째, '인구 조사'가 가지는 의미입니다. 이 인구 조사는 다윗 한 개인의 죄가 아니라 하나님께서 이스라엘을 향해 진노하신 이유, 곧 이스라엘이 하나님 앞에 다시 저지른 죄의 성격, 죄의 내용이 무엇인지를 보여 줍니다. 어쩌면 하나님께서는 이스라엘이 저지른 죄가 무엇이었는지 그들 자신이 깨닫도록 '인구 조사'를 사용하신 것인지도 모릅니다. 죄를 통해 죄를 깨닫게 하신 것입니다.

구약 시대에 '인구 조사' 자체는 범죄가 아니었습니다. 출애굽기 30장 11-16절에는 '인구 조사'에 대한 하나님의 명령이 있습니다.

> 네가 이스라엘 자손의 수효를 조사할 때에 조사받은 각 사람은
> 그들을 계수할 때에 자기의 생명의 속전을 여호와께 드릴지니 이
> 는 그것을 계수할 때에 그들 중에 질병이 없게 하려 함이라 _출
> 30:12

하나님께서는 모세에게 백성의 수를 조사할 때에 '조사받은 각 사람은 반드시 각각 자기 생명의 속전을 하나님께 드릴 것'을 명령하셨습니다. 이는 단순히 '수'를 세는 것이 목적이 아니라 백성의 생명이 하나님께 있음을 인정하는 일종의 신앙 고백이었습니다. 모든 백성은 하나님의 소유임을 '생명의 속전'을 통해 드러냈습니다.

그런데 다윗의 인구 조사에는 '하나님께 드리는 생명의 속전'이 없었습니다. 사무엘하 24장 9절을 보면, 요압이 수를 보고하며 '칼을 빼는 담대한 자'라고 합니다. 즉, 다윗은 군사력

으로 동원 가능한 인구수를 조사한 것입니다.

대부분의 세상 국가들이, 특히 고대 국가들이 인구 조사를 하는 것은 두 가지 목적 때문입니다. 하나는 '징집'입니다. 전쟁이 일어나면 당장 동원할 수 있는 군사력을 확보하기 위해서입니다. 다른 하나는 '징세'입니다. 백성의 수를 정확히 세서 세금을 정확히 징수하기 위한 조치였습니다. 그래서 고대 사회일수록 '사람의 수'는 나라의 힘, 곧 국력 그 자체였습니다.

다윗의 인구 조사는 이를 위한 것이었습니다. 다윗은 하나님 소유인 이스라엘 백성을 자기 소유로 삼았습니다. 그것만이 아니라 하나님을 의지해 하나님의 능력으로 나라를 세우고 지키는 것이 아니라, 눈에 보이고 손에 잡히는 사람의 능력, 사람의 재화로 자기 능력을 삼은 것입니다.

다윗만이 아니라 모든 이스라엘의 마음이 그렇게 변하고 있었습니다. 그들의 군사력이, 그들의 재력이, 사람의 힘이 그들을 지키고 보호하며 발전시킨다는 믿음이 그들 안에 자리 잡고 있었습니다. 그것이 다윗의 인구 조사를 통하여 드러났을 뿐입니다.

어떤 사람은 병거, 어떤 사람은 말을 의지하나 우리는 여호와 우리 하나님의 이름을 자랑하리로다 _시 20:7

그들의 능력을, 그들의 정체성을 그들 스스로 내팽개쳤습니다. 하나님이 아닌 병거와 말과 사람을 의지한 것입니다. 이는 이스라엘의 심각한 영적 퇴보입니다. 과거에 이스라엘은 사무엘에게 자신들도 다른 나라들처럼, 이방 나라들처럼 되기를 원한다고 요구했고, 그렇게 자기들을 이끌어 줄 왕, 다른 나라의 왕과 같은 왕을 요구했습니다(삼상 8:20).

그런데 그와 같은 일이 다시 일어난 것입니다. 그들이 이방 나라를 다시 따라가고 있습니다. 세상을 섬기고 우상을 섬기는 나라, 하나님이 아닌 사람의 힘과 세력을 의지하는 민족, 사사기와 사무엘상 초반에 나타났던 이스라엘의 비참하고 타락한 역사를 반복하고 있는 것입니다. 이것이 이스라엘이 하나님 앞에 다시 저지른, 하나님께서 진노하신 이스라엘의 범죄였습니다.

그런데 여기에서 역사가 그치지 않았습니다. 여기까지는 사사기에서 여러 번 반복되었던 흐름입니다. 하나님께서는, 그리고 다윗은 여기에서 한 걸음 더 나아갑니다. 다윗은 곧장 자신의 죄를 깨닫고 자책하며 회개합니다(삼하 24:10). 그 죄에 머물러 있지 않고 속히 그 죄에서 벗어나기를 선택합니다.

이에 대해 하나님께서는 선지자를 보내셔서 심판과 징계를 선언하십니다. 기근, 전쟁, 전염병, 이렇게 세 가지 중 하나를 택하라고 하십니다. 다윗은 사람의 손이 아닌 하나님의 손을 택합니다(삼하 24:14). 이는 다윗이 단순히 '나는 봐주시고, 나 대신 백성들을 죽여 주세요'라고 한 것이 아닙니다. 하나님의 뜻이 하나님의 손을 통하여 하나님의 백성들에게 이루어지기를 구한 것입니다.

더 나아가 다윗은 백성을 위하여 자기 목숨을 걸고 중보합니다. "청하건대 주의 손으로 나와 내 아버지의 집을 치소서"(삼하 24:17). 백성들을 위하여 자기 목숨을 내어놓습니다. 이제 그는 자기 백성을 위하여 자기 목숨을 내어놓는 중보자의 사역을 감당합니다.

그리고 하나님께서는 다윗의 간구에 응답하십니다. 하나님께서는 이스라엘을 향한 진노를 거두시고 심판의 재앙을 멈추십니다. 이를 위해 다윗은 '아라우나의 타작마당'을 사서 그곳에 제단을 쌓고 하나님께 제사를 드립니다(25절). 이후에 이 아라우나의 타작마당에 솔로몬이 성전을 세웁니다.

이스라엘은 또다시 하나님을 버렸고, 우상을 섬겼으며, 하나님 나라가 아닌 세상 나라, 세상의 일부가 되려고 했습니다. 그러한 이스라엘을 하나님께서는 재앙으로 벌하셨습니다. 그러나 다윗이 간절히 하나님의 은혜를 간구하였고, 하나님께서 그 간구에 응답하셔서 이스라엘을 구원하셨으며, 그 구원의 증표로, 앞으로 이루어질 영원한 하나님 나라의 증거로 성전의 기틀을 허락하셨습니다.

바로 그곳에 성전이 세워졌고, 그 성전에서 이스라엘은 하나님 앞에 나아왔으며, 하나님 앞에 나올 때에 그들이 하나님을 외면했던 죄를 회개하였고, 죄를 회개할 때에 하나님께서 또다시 그들을 용서하시고 회복시키셨습니다. 이것이 사무엘서가 기록하고 증거하는 하나님 은혜의 역사입니다. 하나님 나라의 복음입니다.

이 사무엘하의 마지막 기록은 우리에게 너무나도 중요한 몇 가지 교훈을 줍니다.

먼저, 우리 안에 깊이 뿌리 박혀 있는 죄악의 탄성이 얼마나 강력한지를 보여 줍니다. 다윗과 이스라엘이 그랬던 것처럼, 우리도 기회만 생기면 하나님을 잊어버리고 세상으로 돌아가려고 합니다. 동시에 하나님의 은혜가 얼마나 놀라운지 보여 줍니다. 그렇게 세상으로 돌아가려는 우리를 하나님께서는 붙잡으시고 새롭게 하시며 하나님 안에 거하게 하십니다.

다윗을 통해 베푸신 은혜보다 훨씬 더 강력하고 영원하고 완전한 은혜를 예수님을 통해 우리에게 주셨습니다. 다윗은 백성과 함께 죄를 지었습니다. 그러나 예수님은 우리에게 오시고 우리와 같이 되셨으나, 범죄하지 않으시고 오히려 거룩함으로 구별되셨고, 우리를 죄에서 건지셨으며 거룩하게 하셨습니다.

다윗과 이스라엘은 범죄하였고 하나님의 징벌을 받을 수밖에 없었습니다. 다윗은 중보하였으나 이스라엘을 살리거나 완전히 회복시킬 수는 없었습니다. 심판은 임하였고 백성은 죽었습니다.

그러나 예수님은 범죄하지 않으셨습니다. 오히려 우리의 모든 죗값을 대신 감당하셨습니다. 다윗은 죽고 백성은 죽었지만, 그 반대의 일이 일어났습니다. 예수님께서 우리 대신 우리 죄를 위하여 죽으시고, 우리는 살았습니다.

하나님께서 다윗에게 베푸신 모든 은혜는 '성전'으로 이어지고 마무리됩니다. 그는 비록 성전을 짓지 못했지만, 성전의 기틀을 준비했고, 성전이 지어질 땅에서 하나님께 예배를 드림으로 모든 은혜와 회복을 찬송했습니다. 예수님은 우리의 성전이십니다. 영원하시고 완전하신 성전이십니다. 그분께서 우리를 용서하시고 이끄시며, 하나님과 우리 사이의 막힌 담을 허시고, 우리로 하여금 하나님께 나아갈 담력을 주셨으며, 하나님께 예배를 드리게 하셨고, 그 나라의 영광을 충만히 누리게 하셨습니다. 또 예수님 이야기입니다. 맞습니다. 또 예수님 이야기입니다.

사무엘서를 마무리합니다. 이 전체를 통해 한 가지만 당신이 기억하길 바랍니다. 사무엘서는 위대한 다윗의 영웅담이 아닙니다. 그 다윗을 통해 예표되고 나타난 예수 그리스도의 이야기입니다.

그분 안에 우리의 모든 구원이, 회복이, 생명이, 복이 있는데, 어떻게 이야기하지 않을 수 있습니까? 모세와 선지자가, 다윗이, 율법이, 시편이, 구약의 모든 역사가 예수 그리스도를 말하는데, 어떻게 이 복된 이름을 말하지 않을 수 있겠습니까? 하나님 나라를 이루시는, 하나님 나라의 왕이신 예수 그리스도, 우리를 구원하신 그분을 기억하십시오.

하나님께서 우리를 그분의 복된 나라로 부르십니다. 그 나라의 왕이신 예수 그리스도를 우리에게 보내셨고, 그분을 믿게 하셨습니다. 이제 우리는 그 나라의 백성으로, 왕이신 예수님의 다스림과 보호와 인도 아래, 복된 삶을 살 수 있습니다. 우리는 그분 안에서 영원히 그 복락을 누릴 수 있습니다.

저자 이수환 목사

부산에서 어린 시절을 보내며 교회와 SFC를 통해 처음 신앙을 접했다. 20대 초반 서울에서 대학 생활을 하며 신앙을 거의 잃어버릴 만큼 큰 신앙의 방황기를 보냈다. 이후 후배 따라 우연히 들른 학교 앞 작은 교회를 통하여 신앙을 다시 회복했다. 그 우연한 걸음을 하나님께서는 합신까지 인도하셨다.

교회를 섬기고 싶은 소원이 마음에 일어났고, 교회를 섬기는 가장 중요하고 본질적인 일은 '복음을 전하는 일'임을 깨달았다. 그 복음을 정확하고 바르게 알고 싶어 신학교에 입학하여 성경과 교리, 신학을 배웠다.

교회를 섬기는 일, 곧 사역의 본질은 바른 말씀의 선포와 성경적 교리의 가르침이고, 교회의 가장 아름답고 영광스러운 열매는 성도 한 사람 한 사람이 성경과 교리를 배우고, 이를 실제로 적용하는 삶이라는 사실을 신학교와 섬기던 교회에서 배웠다. 그래서 그렇게 사역하고, 그런 교회를 이루는 것이 가장 큰 소망이다. 그리고 개혁주의 장로교회가 바로 그러한 교회라고 믿는다.

"성경과 교리를 성실히 가르치는 교회의 교사가 되라"는 은사 목사님의 말씀이 좌우명이자 모든 사역의 비전이다. 신학교와 섬기던 교회에서 배운 대로, 성경에서 그리스도를 찾고 전하는 설교를 하기 위해 애쓰고 있다.

고려대학교에서 노어노문학을, 합동신학대학원대학교에서 목회학(M. Div)을 배웠고, 대한예수교장로회(합신) 강변교회(www.kbpc.or.kr)의 담임목사로 교회를 섬기고 있으며, 아내 박진숙, 아들 선우, 딸 지우와 함께 서울 도곡동에서 지극히 평범한 가정을 이루어 지지고 볶으며 살고 있다. 저서로는 사무엘상 강해『그의 나라, 그의 왕, 그의 백성』이 있다.